# Inhalt

W0053361

# Vorwort

> »I suppose my writing is terrible. Sod &
> ballocks, anyway. Not to mention cunt
> and fuck. Omitting bugger & shit.«
>
> Philip Larkin, 1940[1]

> »Tits and cunts and legs and lips and
> mouths and tongues and assholes!«
>
> Philip Roth, *Portnoy's Complaint*[2]

Die Wörter, die in den obigen Zitaten sofort ins Auge
stechen, sind solche, die man im Englischen als *swear
words*, *naughty words*, *dirty words* oder *rude words*
bezeichnet. In beiden Fällen handelt es sich um eine
bewusste Zurschaustellung der obszönen Wörter. Im
Brief des bescheidenen englischen Bibliothekars und
Dichters Philip Larkin ist der noch relativ harmlose
Fluch »sod and ballocks« als Ausdruck seiner Unzu-
friedenheit mit sich selbst bereits genannt worden, die
lakonische Ergänzung um die wesentlich obszöneren Wörter *cunt* und *fuck* verstärkt die Aussage und
sorgt durch ihre Beiläufigkeit zugleich für Komik, wie
auch die anschließende ausdrückliche Auslassung von
*bugger* und *shit* höchst ironisch ist. In Philip Roths
Roman über Werdegang, sexuelle Abenteuer und
Identitätskrise des New Yorker Juden Portnoy listet
dieser genüsslich und im Bewusstsein seiner eigenen

---

1 *Selected Letters of Philip Larkin 1940–1985*, hrsg. von Anthony
  Thwaite, London 1992, S. 4 (Brief vom 9. Dezember 1940).
2 Philip Roth, *Portnoy's Complaint*, London 2005 (¹1969), S. 104.

Obsession die Körperteile auf, nach denen er sein Leben ausrichtet – dass er in diesem Zusammenhang *tits* statt *breasts*, *cunt* und nicht *vagina*, *asshole* und nicht *anus* sagt, ist selbstverständlich.

*Rude words* sind zwar inakzeptable Wörter, aber »inakzeptabel« ist ein relativer Begriff, denn es sind Wörter, die in bestimmten Kontexten nicht genannt werden dürfen, in anderen jedoch umso angebrachter sein können. Sie benennen Körperteile und Körperflüssigkeiten, die mit Fortpflanzung zu tun haben, sowie Körperausscheidungen wie Urin und Fäkalien (Speichel und Erbrochenes in der Regel nicht); es sind ordinäre, nicht neutrale Bezeichnungen für geschlechtliche Handlungen (*fuck* statt *sexual intercourse*; *Fick* statt *Geschlechtsverkehr*) und Ausscheidungen (*shit* statt *faeces*; *Scheiße* statt *Fäkalien*); sind Invektive, die aus diesem Vokabular hervorgehen (*Arschloch*, *cocksucker*); es sind Wörter, die aus religiösen Gründen nicht genannt werden dürfen (*hell*, *damn*); und es sind Wörter wie *bloody*, die eigentlich keine semantische Bedeutung, sondern nur eine intensivierende Funktion haben.

Im vorliegenden Büchlein werden etwa 50 solcher Wörter unter dem Titel *Rude Words* zusammengestellt, definiert und erläutert. Sie unter dem Begriff *rude words* zu sammeln, hat gegenüber der gängigeren Bezeichnung *dirty words* den Vorteil, dass auch Wörter, die keinen sexuellen Bezug haben, wie *bloody* und *damn*, erfasst werden. *Rude* bedeutet ja nicht nur ›unhöflich, grob‹, sondern auch ›obszön, schmutzig‹: Man spricht im Englischen nicht nur von *rude behaviour* (unhöfliches, intolerables Verhalten), sondern auch von *rude pictures* (Bilder, auf denen nackte Menschen bzw. sexuelle Handlungen zu sehen sind), von *rude poems* (anzügliche bzw. erotische Gedichte) und nicht zuletzt von *rude words*.

*Rude words* nehmen keine Rücksicht auf die Empfindlichkeiten etwaiger Zuhörer. Viele davon sind für Frauen und Homosexuelle beleidigend, herabwürdigend oder geschmacklos. Feministinnen haben in den 1960er und 1970er Jahren die männliche Vulgärsprache kritisch hinterfragt, mit der Erkenntnis, dass bei den gängigen Ausdrücken für ›Geschlechtsverkehr‹ die Frau immer passiv bleibt und zudem ein Element von Gewalt den Wörtern innewohnt.[3] Das bedeutet jedoch nicht, dass Frauen solche Wörter nicht benutzen; und selbst die schlimmsten Invektive können unter Freunden als kameradschaftliche Grußformel bzw. Anrede eingesetzt werden, wie dies die Kneipeninhaberin Pancho Barnes aus Tom Wolfes Roman *The Right Stuff* praktiziert: »Everybody she didn't like was an old bastard or a sonofabitch. People she liked were old bastards and sonsabitches, too.«[4]

---

3 »All the vulgar linguistic emphasis is placed upon the *poking* element; *rooting, shagging* are acts performed upon the passive female«. Germaine Greer, *The Female Eunuch*, London 1970, S. 41.

4 Tom Wolfe, *The Right Stuff*, New York 1979, S. 50.

## Unser Gespür für Unanständiges

Die meisten Sprecher einer Sprache haben ein intuitives Gespür für Unanständiges und Obszönes. Das gilt besonders für die eigene Muttersprache. Im Roman des englischen Kinderbuchautors Roald Dahl *The BFG* – beim BFG handelt es sich um einen »Big Friendly Giant« – kommentiert die englische Königin die Ausführungen des Riesen zu seinem Nahrungsmittel *snozzcumbers* höchstpersönlich: »»What *is* he talking about?‹ the Queen said. ›It sounds like a rude word to me.‹«[5] Die Königin nimmt wohl an dem Wortteil *snozz* Anstoß, das aus Gründen, die man eben nicht erklären kann, *rude* klingt. Zudem dürfte das Bild einer Art veränderter Gurke eine Rolle in der Vorstellung der Königin spielen, auch wenn es sich hier um ein Kinderbuch handelt.

Dass einige Wendungen so klingen, als wären sie obszön, ist die Kehrseite jener sprachlichen Kreativität, aus der die zahlreichen Ersatzformen bzw. Euphemismen hervorgehen, auf die man häufig zurückgreift, um nicht im Affekt ein *rude word* von sich zu geben: *what the heck!* statt *what the hell!*; *sugar!* statt *shit!*

Über unseren Sprachgebrauch wachen allerdings nicht nur Regentinnen als Stellvertreter der sozialen und kommunikativen Ordnung; es sind vor allem Eltern und Erzieher, die Kinder rügen, wenn sie *rude words* von sich geben. Wenn Kinder solche Wörter äußern, werden sie in der Regel zunächst zurechtgewiesen bzw. bestraft, aber gleichzeitig durch plötzliche

5  Roald Dahl, *The BFG*, New York 2007 (¹1982), S. 161.

Aufmerksamkeit belohnt. Die Kraft und Wirkung eines Vulgärausdrucks, der Reiz der Übertretung wird also sehr früh gelernt. Wie oft die Drohung, den ›beschmutzten‹ Mund des Kindes mit Seife und Wasser auszuspülen (»I'll wash your mouth out with soap and water!«), in die Tat umgesetzt wurde, entzieht sich leider unserer Kenntnis, aber es ist davon auszugehen, dass diese aus heutiger Sicht drastische Erziehungsmethode im 19. und auch im 20. Jahrhundert zum Repertoire der strengeren Eltern und Erzieher gehörte. In Roths Roman *Portnoy's Complaint*, der ja im Ansatz autobiographische Züge trägt, wird von einem solchen Vorgang berichtet;[6] und eine 1906 geborene Frau wusste noch 1978 im Interview mit einer Mitarbeiterin der australischen La Trobe University zu berichten, wie ihre Mutter ihrem kleinen Bruder, der *bloody* gesagt hatte, mit einem Seifenstück über die Zunge fuhr.[7]

Bei einer erlernten Fremdsprache ist nicht nur das Gespür für Grenzen weniger ausgebildet, sondern die Hemmungen, einmal gelernte Obszönitäten zu äußern, sind wesentlich geringer, weil sie weder entwicklungspsychologisch noch durch die Sozialisation bedingt sind. Psychologische und neurologische Studien haben ergeben, dass verbotene Wörter anders wirken als ›normale‹ Wörter (verbotene Wörter werden vom limbischen System bearbeitet, von dem gefühlsmäßige Reaktionen auf Umweltreize ausgehen), und dass die

---

6 Roth, *Portnoy's Complaint*, S. 14.
7 Keith Allan / Kate Burridge, *Forbidden Words. Taboo and the Censoring of Language*, Cambridge 2006, S. 246.

Schockwirkung eines Tabuwortes sogar messbar ist. In einer erlernten Sprache ist diese Schockwirkung entweder gar nicht vorhanden oder nur sehr schwach ausgeprägt.[8] Die Folge für Sprachlernende muss also sein: Vorsicht beim Umgang mit der Vulgärsprache!

## *Verbotene Wörter: Tabuisierung*

Im Folgenden geht es nicht um Wörter, die im Verdacht stehen, unanständig zu sein, sondern um solche, die es ohne jeden Zweifel tatsächlich sind. Einige von den aufgeführten Wörtern sind vermutlich seit mehr als 1000 Jahren im Gebrauch. Allerdings ist die Tabuisierung eines Wortes nicht unbedingt von Dauer: *occupy* (›besetzen‹) war im 16. Jahrhundert als Ausdruck für ›Geschlechtsverkehr‹ tabuisiert und wurde erst Mitte des 18. Jahrhunderts wieder akzeptabel.[9] Im 19. Jahrhundert war *leg* tabuisiert (man sagte stattdessen *limb*), ebenso (und aus heutiger Sicht vielleicht verständlicher) *breast*, weswegen heute noch Gastgeberinnen beim Brathähnchen ihren Gästen nicht *leg*, sondern *drumstick* oder *dark meat*, nicht *breast*, sondern *white meat* anbieten; und auch wenn es ganz akzeptabel ist, beim Metzger *chicken breasts* (umgangssprachlich: *chicken tits*) zu verlangen, hört sich *chicken filet* doch besser an.

Es gibt kein absolutes Tabu: Sogar das aller-

8  Vgl. zu diesen Zusammenhängen ebd., S. 244ff.
9  Vgl. Allen Walker Read, *Milestones in the History of English in America*, Durham (N.C.) 2002, S. 266.

schlimmste Wort der englischen Sprache[10] *cunt* kann in bestimmten kommunikativen Situationen akzeptabel sein.[11] Die Tabuisierung eines Wortes ist ein schwer greifbarer Prozess, nach dem ein Wort plötzlich im öffentlichen Diskurs und in Situationen, bei denen das sogenannte »middle-class politeness criterion«[12] herrscht, nicht mehr akzeptabel ist. In einigen Fällen hat das historische Gründe. Besonders im puritanischen 17. Jahrhundert wurden einige Wörter plötzlich tabuisiert. Aus dieser Zeit sind zahlreiche Veröffentlichungen erschienen mit Titeln wie *A sermon concerning swearing* (1644), *An antidote against swearing* (1662), *A testimony against drunkenness and swearing, &c* (1675), *A discourse against profane swearing* (1698). Unter der Regentschaft Königin Victorias im 19. Jahrhundert geriet *cock* in Verruf; gleichzeitig unterlagen Wörter wie *bloody* und *damn* in den *upper classes* einem ebenso starken Tabu wie die in solchen Kreisen zum Teil wohl unbekannten sexuellen Obszönitäten.[13]

In einigen Fällen hat die Tabuisierung eines Wortes Folgen für andere standardsprachliche Wörter: Das im Mittelalter gebräuchliche *coney* (reimt sich auf *money* und *honey*) ist als Bezeichnung für Kaninchen fast völlig in Vergessenheit geraten, da es genau so ausgesprochen wird wie die obszöne Bezeichnung für

---

10 Bis auf rassistische Beleidigungen, die nicht Gegenstand dieses Buches sind.
11 Vgl. hierzu das Stichwort *cunt*.
12 Allan/Burridge, S. 34.
13 Vgl. hierzu das Stichwort *twat*.

die weibliche Scham *cunny* (von *cunt*). Weitere Beispiele für diese Verdrängung von standardsprachlichen Wörtern durch Vulgärausdrücke sind *ass* und *cock*.

## »rude words« in Wörterbüchern

Die Suche nach Obszönitäten im Wörterbuch ist eine beliebte Beschäftigung von Schuljungen. Geoffrey Hughes, der ein Standardwerk über *swearing* geschrieben hat, berichtet, dass zu Zeiten, als *fuck*, *cunt* und *shit* in den Schulwörterbüchern fehlten, Wörter wie *friction* herhalten mussten, um das erotische Interesse der Schüler zu befriedigen – denn *friction* wird definiert als »heat generated by two bodies rubbing together« (›die Hitze, die entsteht, wenn zwei Körper sich aneinander reiben‹).[14] Um ein Nachschlagewerk auf seine Tauglichkeit zu überprüfen, schauen wissbegierige Schüler sofort unter F, C und S nach (»Let's see if *shit* is in this dictionary!«), denn die Wörter sind ja schließlich bekannt. Von Samuel Johnson wird überliefert, er habe auf das Lob zweier Damen, sein Wörterbuch (1755) enthalte keine *naughty words*, entgegnet: »What! my dears! then you have been looking for them?«[15] Die seltsame Faszination, die davon aus-

---

14  Geoffrey Hughes, *Swearing. A Social History of Foul Language, Oaths and Profanity in English*, Oxford 1991, S. viii.

15  Henry Digby Beste, *Personal and Literary Memorials*, London 1829, S. 11. Dort heißt es: »Mrs Digby told me that when she lived in London with her sister Mrs Brooke, they were,

geht, tabuisierte Wörter nachzuschlagen und gedruckt vor sich zu sehen, erklärt sich wohl daher, dass man plötzlich Zugang zu etwas Verbotenem hat. Schwarz auf weiß gedruckt wirkt *cunt*, eingenistet zwischen den ›normalen‹ Wörtern *cunning* und *cup*, wie ein unerlaubtes Übertreten der Regeln, die in der Welt außerhalb der Wörterbuchlektüre herrschen; und der Versuch des Lexikographen, das Wort zu definieren, wirkt oft in enttäuschender Weise nüchtern (»the female genitals«) oder wird nicht der ungeheuren Kraft gerecht, die dem verbotenen Wort innewohnt (»an unpleasant person«).[16]

In einem Wörterbuch taucht *fuck* zum ersten Mal im Jahr 1598 auf: John Florios italienisch-englisches Wörterbuch *Worlde of Wordes* nennt unter *fottere* die fünf Wörter »to iape, to sard, to fucke, to swive, to occupy«. *iape* (*jape*), *sard* und *swive* sind völlig in Vergessenheit geraten, und *occupy* hat seine obszöne Nebenbedeutung bereits Mitte des 18. Jahrhunderts verloren. Im *New and Complete Dictionary of the English Language* von John Ash (1775) wird *fuck* als »a low vulgar word« definiert: »to perform the act of genera-

every now and then, honoured by the visits of Dr. Samuel Johnson. He called on them one day, soon after the publication of his immortal dictionary. The two ladies paid him due compliments on the occasion. Amongst other topics of praise, they very much commended the omission of all naughty words. ›What! my dears! then you have been looking for them?‹ said the moralist. The ladies, confused at being thus caught, dropped the subject of the dictionary.«

16 So die Definitionen des *Oxford English Reference Dictionary*, Oxford 2002.

tion, to have to do with a woman«. *cunt* fand ebenfalls
Eingang in sein Wörterbuch, und beide Wörter waren
noch in der zweiten Auflage 1795 vorhanden. Doch
bis ins 20. Jahrhundert suchte man *fuck* und *cunt* auch
in größeren, angeblich umfassenden Nachschlagewer-
ken vergebens (was den Brüdern Grimm nicht entgangen ist: unter dem Stichwort *ficken* kommentier-
ten sie 1862 im *Deutschen Wörterbuch*, das englische
*fuck* werde »in den Wörterbüchern meist ausgelas-
sen«[17]). Weder das im 19. Jahrhundert begonnene *Oxford English Dictionary* noch *Webster's New International Dictionary* (1909; 2. Aufl. 1934; 3. Aufl. 1961)
noch das *Random House Dictionary of the English
Language* (1966) bekannten sich zu *fuck*. Erst im Jahr
1965 konnte man *fuck* nachschlagen, und zwar im
*Penguin English Dictionary*; und 1972 wurden schließlich *cunt* und *fuck* in das maßgebliche *Oxford English
Dictionary* aufgenommen. Sie erschienen im ersten
Band von *A Supplement to the Oxford English Dictionary*; allerdings hatte die Arbeit an dem Ergän-
zungsband schon Ende der 1950er Jahre begonnen, zu
welchem Zeitpunkt die Entscheidung des Herausge-
bers vermutlich schon getroffen worden war.

Der neuseeländische Philologe Eric Partridge übte
in seinem 1937 erschienenen *Dictionary of Slang and
Unconventional English*[18] deutliche Kritik an der Entscheidung des OED, *fuck* auszuschließen. Es ist eine
durchaus berechtigte Kritik, bedenkt man, dass sich
das OED vorgenommen hatte, die englische Sprache

17  Band 3, Sp. 1617.
18  London 1937.

in ihrer Gesamtheit zu erfassen. Das Wagnis schien den Herausgebern – Männer des 19. Jahrhunderts – wohl zu groß; und dies ist wiederum verständlich, bedenkt man, dass ein Band des entstehenden Werkes 1897 Königin Victoria gewidmet worden war (mit ihrer vorherigen Erlaubnis, versteht sich), die einige Monate zuvor ihre 60jährige Regentschaft gefeiert hatte. Auch zu *cunt* äußerte sich Partridge, denn nicht nur *cunt* fehlte im OED, auch den Euphemismus »monosyllable« (ein Verweis auf das einsilbige Wort *cunt*) suchte man vergebens, obwohl es kaum vorstellbar ist, dass der Gebrauch dieser gerade im späten 19. Jahrhundert häufigen Ersatzform den Blicken der Lexikographen entgangen war. Aus heutiger Sicht unverständlich ist allerdings Partridges Bemerkung, die Auslassung von *cunt* sei eine Ungerechtigkeit den Frauen gegenüber.[19]

Ob ein Wort den Segen der modernen Lexikographen bekommen hat, hängt gerade bei konservativeren Lexika mit aus heutiger Sicht antiquierten Unterscheidungen zwischen Wörtern, die ausschließlich vulgär sind, und solchen, die deswegen einen besonderen Status genießen, weil sie in der Bibel vorkommen, zusammen. Ein Fall aus den Archiven des amerikanischen *Webster's* mag dies verdeutlichen: 1897 erkundigt sich ein Leser brieflich bei den Herausgebern, aus welchen Gründen *fart* nicht im *Webster's* enthalten ist:

---

19 »[...] neither the Universal Dict[ionary] of English (1932) nor the S.O.D. [Shorter Oxford Dictionary] had the courage to include it. (Yet the O.E.D. gave *prick*: why this further injustice to women?)« (S. 198).

»It [fart] is of a class with ›Dung‹, ›Piss‹ etc. and if they are allowed I don't see why it should not have a place also.«[20] Die Antwort der Herausgeber war einfach: *dung* werde noch standardsprachlich gebraucht; *piss* sei biblisch; *fart* hingegen sei ausschließlich Vulgärausdruck.[21] Fünfzig Jahre später hielt ein *Webster's*-Herausgeber fest, es sei mittlerweile unvertretbar, auf *fart* zu verzichten, so dass man sagen kann, bis zur Mitte des 20. Jahrhunderts habe sich eine Wende abgezeichnet, nicht nur in Oxford, sondern auch auf der anderen Seite des Atlantiks.

## Wie viele »rude words« gibt es?

Im Jahr 1972 wurde im US-Radio ein Monolog des Komikers George Carlins mit dem Titel »Seven Words You Can Never Say on Television« ausgestrahlt. Er nannte *shit, piss, fuck, cunt, cocksucker, motherfucker* und *tits*. Man hat auch von »the Big Six« gesprochen (*shit, piss, fart, fuck, cock, cunt*), im Glauben, damit die übelsten Wörter zusammengetragen zu haben. Am hilfreichsten scheint jedoch Bill Brysons Urteil zu sein, es seien »fifty or sixty in common use«.[22]

20 J.R. Magruder, Annapolis (Md.), in einem Brief an die *Webster's*-Redaktion vom 12. März 1897. Für die freundliche Mitteilung des Briefes danke ich Frau Judy Yeh, Merriam-Webster Inc.
21 »Dung is still not uncommon in ordinary writings. Piss is biblical. Fart is now vulgar only. Hence the discrimination.«
22 Bill Bryson, *Mother Tongue*, London 1990, S. 211.

Aber wie sind solche Aussagen damit zu vereinbaren, dass es wohl mehrere tausend Bezeichnungen für ›Penis‹, ebenso viele für ›Vagina‹ und fast 1000 für ›lüsterne Frau, Schlampe‹ gibt – von den zahllosen Wendungen für ›masturbieren‹ und ›koitieren‹ ganz abgesehen? Es liegt an den kleinen obszönen Metaphernwelten, die in der Umgangssprache gedeihen. Dies lässt sich am Beispiel *meat* (›Fleisch‹) veranschaulichen: Die Wendung *to be in a woman's beef* (*beef:* Rindfleisch) ›mit ihr verkehren‹ war Ende des 18. Jahrhunderts bekannt, woraus man schließen kann, dass *beef* eine Bezeichnung für die weiblichen Genitalien war, wie es ebenfalls zu dieser Zeit als Bezeichnung für den Penis diente; *beefcake* bzw. *piece of beef* ist ein attraktiver Mann; *beef* (auch: *meat*) *curtains* (Vorhänge) sind die weiblichen Schamlippen; *beat the meat* heißt ›masturbieren‹; *meat injection* ist eine Anspielung auf Penetration; *meat and two veg* (*veg:* ugs. Gemüse) bezeichnet die männlichen Genitalien – die Liste ließe sich fortführen. Ein zweites Beispiel: *knob* (Knauf) dient im Lauf der Jahrhunderte als Bezeichnung für verschiedene Körperteile, von denen nicht alle tabuisiert sind: für den Kopf (Ende des 19. Jahrhunderts); für die Knie; für die Eichel; darauf für den Penis; in den 1930er Jahren für die weiblichen Brüste und die Brustwarzen. Es handelt sich hier also nicht um tabuisierte Wörter, sondern um umgangssprachliche Bezeichnungen für tabuisierte Vorgänge und Körperteile. Von diesen sind einige ausgewählte in die vorliegende Sammlung aufgenommen worden (*muff, wiener* usw.).

## Warum »*Rude Words*«?

Für Wörter, über die man sich noch vor wenigen Jahrzehnten im Geheimen informierte, gibt es auf dem heutigen Büchermarkt einige – meist kleinere – Werke, die den Versuch unternehmen, dem Englischlernenden Sinn und Verwendung der üblen Vokabeln zu vermitteln. Unter dem Deckmantel von Jugendsprache oder als Anleitung zum richtigen Schimpfen und Beleidigen in einer bestimmten Fremdsprache wird eine Fülle von Formulierungen aufgelistet, die zum Teil Modeerscheinungen bzw. nur in ganz bestimmten soziolinguistischen Kontexten verständlich sind.

Das vorliegende Buch präsentiert *rude words* um ihrer selbst willen. Wörter und Ausdrücke, die vor noch nicht allzu langer Zeit als vulgär galten, sind in der Folge der allgemeinen Enttabuisierung in den heutigen Unterhaltungsmedien, in Film und Musik und auch in der Belletristik allgegenwärtig (lediglich im öffentlichen Diskurs werden sie nicht geduldet). Der vorliegende Band enthält nichts, was die führenden englischsprachigen Zeitungen und Zeitschriften – unter bestimmten Voraussetzungen, versteht sich – nicht bereit wären abzudrucken, von der schnellen Auffindbarkeit des sexuellen Vokabulars im Internet ganz abgesehen.

*Rude Words* erhebt keinen Anspruch auf Vollständigkeit (eine solche Darstellung wäre, wie oben erwähnt, ohnehin kaum möglich), sondern beschränkt sich auf die gebräuchlichsten Wörter, von denen viele trotz Enttabuisierung und Popkultur noch immer schockieren können. Es gehört zu den Zielen von

*Rude Words*, innezuhalten und den inflationär ge-
brauchten Wörtern, die ja ein wesentlicher Bestand-
teil der englischen Sprache und ihrer reichen Geschichte sind, ein wenig Aufmerksamkeit zu schenken.
Die Lektüre soll dabei informieren und unterhalten.
Zu den Zielen von *Rude Words* zählt es jedoch nicht,
die Leser zum gesteigerten Gebrauch von unanständi-
gen Wörtern zu ermuntern.

## Zur Benutzung

Die etwa 50 *rude words* sind alphabetisch geordnet.
Die meisten Stichwortartikel sind dreifach gegliedert.
Zunächst wird das Wort nebst abgeleiteten Adjektiven, Adverbien usw. definiert, etwaige Varianten werden genannt. Im zweiten Abschnitt werden die wich-
tigsten Wendungen angeführt und anhand von Bei-
spielsätzen veranschaulicht. Sowohl die Wendungen
bzw. Zusammensetzungen als auch die Beispielsätze
sind grundsätzlich immer mit deutscher Übersetzung
versehen. Die Übersetzungen verstehen sich in erster
Linie als Versuch, den Sinn der Wendung bzw. Zusammensetzung möglichst genau zu vermitteln. Manchmal
gibt es eine direkte Entsprechung aus der deutschen
Vulgärsprache, manchmal nicht. Daher ist es gelegentlich dem Leser überlassen, den Sinn der Wendung in
einen entsprechend vulgären deutschen Ausdruck zu
überführen. Wann und wie oft man die hier genannten
Wörter und Wendungen einsetzen möchte – in einer
Fremdsprache, wie oben erläutert, immer eine besonders heikle Sache –, wird dem Leser überlassen. Hin-

weise zum Gebrauch können ohnehin lediglich angeben, wie man eine bestimmte Wendung grammatikalisch richtig verwendet, und nicht, in welchen Situationen sie angebracht wäre.

Der Abschnitt »Anmerkungen« schließlich teilt Wissenswertes über Etymologie, Geschichte und Gebrauch des Wortes mit. In vielen Fällen wird der erste schriftliche Beleg laut dem *Oxford English Dictionary* genannt, der meist allerdings kaum mehr als ein Anhaltspunkt sein kann. Über den Gebrauch des jeweiligen Wortes vor diesem Zeitpunkt kann man nur spekulieren. Zur Wortgeschichte gehören die Frage der wechselnden Tabuisierung sowie die Verwendung in literarischen Werken. Wer es mit dem englischen Philosophen Bertrand Russell hält, der einmal bemerkte, eine Aprikose schmecke süßer, wenn man sowohl um die ostasiatische Herkunft der Frucht als auch um die Etymologie des Wortes weiß, kann so einiges genussvoller in den Mund nehmen. Wenn dabei der unreflektierte bzw. inkorrekte Gebrauch von Vulgärausdrücken ab- und dafür der Sinn für den Reichtum der englischen Sprache zunähme, so wären dies zwei willkommene Nebeneffekte.

## *Abkürzungen*

| | |
|---|---|
| AE | American English |
| Austral. | Australian |
| BE | British English |
| dt. | deutsch |
| eigtl. | eigentlich |
| frz. | französisch |
| griech. | griechisch |
| iron. | ironisch |
| ital. | italienisch |
| jd. | jemand |
| jdm. | jemandem |
| jdn. | jemanden |
| lat. | lateinisch |
| ME | Middle English |
| o.s. | oneself |
| s.o. | someone |
| s.th. | something |
| Subst. | Substantiv |
| span. | spanisch |
| ugs. | umgangssprachlich |
| urspr. | ursprünglich |

# Rude Words A–Z

## ARSE/ASS

*arse* (BE /ɑːs/) bzw. *ass* (AE /æs/) entspricht dem deutschen »Arsch«: ›der Hintern; ein unangenehmer Mensch, ein Idiot‹.

Das Verb kommt meist in Verbindung mit *about/ around* oder *up* vor: *to arse about/around* ›herumalbern‹; *to arse up* ›etwas vermasseln‹. *to be arsed* entspricht der standardsprachlichen Wendung *to be bothered: I can't be arsed doing the dishes.* ›Ich hab keine Lust abzuwaschen.‹

*Wendungen*

ACHTUNG: Bei den angeführten Wendungen bzw. Zusammensetzungen sind *ass* und *arse* in den allermeisten Fällen austauschbar (vgl. hierzu die Anmerkungen unten).

Zu den häufigsten Invektiven, die mit *arse* gebildet werden, zählen: *smart arse* ›Klugscheißer‹, *arsehole* ›Arschloch‹ und *arse-licker* ›Arschlecker, Kriecher‹.

*arse* steht häufig *pars pro toto* für Frauen, sofern diese als Mittel zur Befriedigung der männlichen Lust betrachtet werden: *a bit of arse* ›Frauen; Geschlechtsverkehr‹ (vgl. auch → *cunt*); *chasing arse* ›auf der Suche nach einem Geschlechtspartner‹. *He spends all his time chasing arse.* ›Er ist die ganze Zeit auf Frauenjagd.‹ In ähnlicher Weise bezeichnet *tits and arse* Frauen als verfügbare Sexualpartner: *There'll be plenty of tits and arse there.* ›Es werden viele Frauen dort sein.‹ Bei einer *tits and arse show* handelt es sich um eine Stripteasevorführung.

Zahlreiche Bezeichnungen für Homosexuelle und deren Praktiken werden mit *arse* gebildet. Dazu gehören: *arse jockey*, *arse bandit*, *arse bender* ›Homosexueller, Schwuler‹; *to take it up the arse* bedeutet ›anal verkehren‹; *to fuck s.o. up the arse* ›jdn. in den Arsch ficken‹.

*to stick/shove it up s.o.'s arse* ›jdn. erniedrigen, besiegen‹ (*to stick:* stecken; *to shove:* schieben). Die Aufforderung *stick it up your arse!* bringt Widerspruch, Unwillen oder Unmut des Sprechenden zum Ausdruck: *You can stick your fancy sun glasses up your arse!* ›Du kannst dir deine schicke Sonnenbrille in den Arsch schieben!‹ Auch *my arse!* ist eine Replik, die starke Zweifel bzw. entschiedenen Widerspruch zum Ausdruck bringt: *I sing better when I've had a few beers. – My arse!* ›Nach ein paar Bier singe ich besser.‹ – ›Tust du gar nicht!‹ (Vgl. auch: *Like hell [you do]!*)

*to be up one's own arse* (meist abgekürzt zu: *up o.s.*) ›eitel sein‹: *He is completely up himself.* ›Er ist total arrogant/eitel.‹ *He has disappeared up his own arse.* ›Er ist eitel bis zum Geht-nicht-mehr.‹ *to ... one's arse off* ›etwas bis zum Äußersten tun‹: *to work one's arse off* ›arbeiten bis zum Umfallen‹; *to bore the arse off s.o.* ›jdn. zu Tode langweilen‹; *to get one's arse into gear* ›sich beeilen‹; *to talk out of one's arsehole* ›Unsinn reden‹; *to tear one's arse(hole) out* ›sich den Arsch aufreißen‹; *a pain in the arse* (standardsprachlich und akzeptabler: *a pain in the neck*) bezieht sich auf etwas sehr Lästiges: *Updating software is a pain in the arse.* ›Software-Updates sind extrem lästig.‹ Zwei längere Wendungen hört man im Alltag relativ oft (bes. BE, Austral.): *not to know one's arse from one's elbow* ›völlig planlos sein‹. *He wouldn't know if his arse was on fire.* ›Er ist völlig ahnungslos bzw. planlos.‹

In den USA ist folgende Wendung beliebt: *to bet one's sweet ass* ›mit Sicherheit‹. *Will you call me? – You bet your sweet ass I will.* ›Rufst du mich mal an?‹ – ›Darauf kannst du deinen Arsch verwetten. / Darauf kannst Du Gift nehmen.‹ Ohne Objekt bedeutet *to kick ass* ›siegen, reüssieren, Erfolg haben‹; mit Objekt (*to kick s.o.'s ass*) ›bestrafen‹. *kick ass* wird auch als Adjektiv benutzt: *a kick-ass processor* ›ein allen anderen überlegener Prozessor‹. *to bust ass* ›schwer arbeiten‹; *to save one's ass* ›die eigene Haut retten‹.

In Australien ist *arse* ein Ausdruck für Glück: *to arse s.th.* ›etwas durch Glück erreichen‹. *more arse than class* sagt man von jemandem, der seinen Erfolg eher Glück als eigenem Können verdankt.

Zur Beschreibung von abgelegenen oder widerlichen Orten dienen *arsehole* bzw. *arse-end* (*of the world*, *of the universe*, *of town* usw.): *Australia is at the arse-end of the world.* ›Australien ist am Arsch der Welt.‹ Der walisische Dichter Dylan Thomas sprach von seiner Heimat als »This arsehole of the universe«.[23] Der Auschwitz-Überlebende Wiesław Kielar schließlich bezeichnete das Konzentrationslager als »*anus mundi*«.[24]

---

23 Dylan Thomas, *The Collected Letters*, hrsg. von Paul Ferris, New York 1985, S. 767 (Brief vom 17. Juli 1950).
24 So der Titel seines 1972 erschienenen Buches.

*Anmerkungen*

**arse** ist ein sehr altes Wort. Das deutsche Wort *Arsch* zeugt von einem gemeinsamen Ursprung, der sich sogar bis zum altgriechischen *orros* bzw. *ossos* zurückverfolgen lässt. Shakespeare benutzt die Schreibweise *ass* um des Wortspiels willen: Ein *ass* ist ein Esel, und zu Zeiten Shakespeares hat man die beiden Wörter gleich ausgesprochen. Daher ist es von doppelter Komik, wenn in *A Midsummer Night's Dream* (III,1) der Weber Bottom, dessen Name ohnehin zweideutig ist, auch noch einen Eselskopf bekommt. Die Tabuisierung des Wortes führte schon im 18. Jahrhundert zum Untergang der Tierbezeichnung *ass* zugunsten von *donkey*, ein sehr anschauliches Beispiel für die linguistische Regel, dass tabuisierte Begriffe gleichlautende standardsprachliche Wörter allmählich verdrängen. Bis heute wird die Tierbezeichnung *ass* nur noch in Ausnahmefällen (zum Beispiel in Fabeln und Sprichwörtern) benutzt. Die Wendung **to make an ass of o.s.** bezieht sich ursprünglich auf die vermeintliche Dummheit und Sturheit des Esels. Einige Wendungen mit **arse** haben mittlerweile ein gewisses Maß an Akzeptabilität (**to arse about, not to know one's arse from one's elbow**) erlangt, auch im öffentlichen Diskurs: Der amerikanische Präsident Barack Obama informierte sich im Juni 2010 über die Ursachen der Ölkatastrophe im Golf von Mexiko, weil er wissen wollte, wer zu bestrafen sei: »so I know whose ass to kick«. In Wendungen wie **to work one's arse off** wird **arse** oft durch einen milderen Terminus ersetzt, zum Beispiel *buns* (ugs. ›Pobacken‹). Im AE hat sich die

Schreibweise *ass* durchgesetzt. Allerdings ist *ass* auch in Großbritannien und Australien in einigen Wendungen gebräuchlich; und auch wenn konservative Geister dagegen protestieren mögen, die Trennung zwischen AE *ass* und BE *arse* ist so eindeutig nicht.

*bad-ass* (auch: *badass*), entstanden in den USA der 1950er Jahre, bezog sich ursprünglich auf ein aggressives und unangenehmes Individuum, wurde dann auch als Kompliment eingesetzt mit der Bedeutung ›kompromisslos, stark‹, auch in Kinofilmen und schließlich inflationär in der Werbesprache: *a bad-ass camera* ›eine tolle/geile Kamera‹. Durch solchen Gebrauch findet eine unter speziellen soziolinguistischen Bedingungen entstandene Zusammensetzung globale Gültigkeit.

## BALLS

*balls* (wörtl. ›Bälle‹) entspricht dem deutschen »Eier« und tritt wie dieses fast immer im Plural auf.

Das Verb *to balls s.th. up* (in Anlehnung an *mess up*) bedeutet ›etwas vermasseln‹: *He ballsed it up*. Gelegentlich fehlt *up*: *He ballsed it*.

Der Ausruf *balls!* bedeutet entweder ›Quatsch!‹ oder wird als sehr milder Ausdruck der Verärgerung eingesetzt.

Das Adjektiv *ballsy* bedeutet ›mutig‹; *ballsiness* ist ›Mut‹.

*Wendungen*

Im Bereich der Sexualität haben die Wendungen mit *balls* mit der Befriedigung der männlichen Lust zu tun: *to get one's balls* (häufiger: → *nuts*, auch: *rocks*) *off* ›ejakulieren‹, im übertragenen Sinne: ›sich vergnügen, Spaß haben‹; *to have blue balls* ›sexuell frustriert sein‹. Sehr häufig sind Wendungen zur Beschreibung von vermeintlich typisch männlichen Charaktereigenschaften: *not to have the balls to do s.th.* ›nicht den Mut haben, etwas zu tun‹; *he's got no balls* (seltener: *he is ball-less*) ›er ist ein schwacher, durchsetzungsunfähiger Mensch‹; *His balls are bigger than his brains.* ›Er handelt unüberlegt, ist triebgesteuert.‹

Andere Wendungen gehen wiederum auf die Empfindlichkeit der Testikel zurück. *ball-breaker/ballbuster* ›eine schwierige, scheinbar unlösbare, Aufgabe; eine dominierende Frau‹; *ball breaking* ›sehr anstrengend‹; *to bust s.o.'s balls (about s.th.)* (AE) ›jdn. nerven, kritisieren, jdm. Vorwürfe machen‹: *My dad is always busting my balls about me smoking.* ›Mein Vater nervt mich immer, weil ich rauche.‹ *to bust one's balls* (BE) ›sich große Mühe geben‹: *He's been busting his balls to get into the football team.* ›Er hat sich sehr große Mühe gegeben, in die Fußballmannschaft hineinzukommen.‹

*balls and all* ›alles‹; *to have s.o. by the balls* (auch: *by the short and curlies* ›Schamhaare‹) ›jdn. völlig in seiner Gewalt haben‹; *to have s.o.'s balls for breakfast* (meist als Drohung bzw. Vorhaben formuliert: *I'm going to have his balls for breakfast*) ›jdn. gründlich bestrafen, erniedrigen, besiegen‹; *to ... one's balls off* etwa ›bis zum Äußersten treiben, sich große Mühe geben‹: *I've been working my balls off all day.* ›Ich arbeite den ganzen Tag wie ein Verrückter.‹ *to stand out like dog's balls* ›sehr auffällig sein‹; *to give it some balls* ›etwas mit mehr Kraft und Elan ausführen, etwas aufpeppen‹.

*Anmerkungen*

*balls* ist seit dem 16. Jahrhundert belegt und mit Sicherheit auch vor diesem Datum gebräuchlich; allerdings ist → *bollocks* eine nachweislich viel ältere, bis ins 17. Jahrhundert standardsprachliche Bezeichnung für die Testikel. Im 17. Jahrhundert wurden die weiblichen Brüste ebenfalls *balls* genannt. Die meisten obengenannten Wendungen sind auf die Vorstellung der Testikel als Sitz der Männlichkeit zurückzuführen und heben – manchmal bei gleichzeitiger Betonung der Empfindlichkeit und Exponiertheit dieser Körperstelle – den Gegensatz zwischen spontanem Handeln, Mut und Tapferkeit einerseits und zögerlichem Handeln und Feigheit andererseits hervor. Mit der Wendung *to have balls* kann auch Frauen Mut und Durchsetzungsvermögen (negativ gewendet: Herrschsucht und Sturheit) bescheinigt werden: *She's got balls*. Ob es sich hierbei um eine Beleidigung oder um ein Lob handelt, hängt vom jeweiligen Kontext ab (vgl. den AC/DC-Titel »She's Got Balls«). Der Text des frühen AC/DC-Titels »Big Balls« spielt mit der Doppeldeutigkeit *ball* ›Testikel/Tanzveranstaltung‹.

Im Alltag ergeben sich Gelegenheiten zu Zweideutigkeiten ebenso häufig wie bei der deutschen Entsprechung *Eier*. *ball sports* ›Ballsportarten‹ ist zum Beispiel eine Formulierung, die bei Jungen unweigerlich Gekicher hervorruft.

Das seltene Verb *to ball* ›ein Mädchen bumsen‹ geht auf die standardsprachliche Wendung *to have a ball* ›sich vergnügen‹ zurück. In der (schwarz)amerikanischen Umgangssprache bedeutet *ball* ›Geschlechtsverkehr‹ bzw. auch ›Orgie‹.

Vgl. → *bollocks*, → *nuts*

## BANG

*bang* ist ein umgangssprachlicher Ausdruck für den Geschlechtsakt, besonders wo er kursorisch und ohne jegliche Gefühlsbeziehung ausgeübt wird (vgl. die standardsprachliche Bedeutung von *to bang* ›schlagen, stoßen‹). Das Verb betont das Mechanische des Vorgangs und entspricht in etwa dt. »bumsen«.

*Wendungen*

*gang bang* ›Orgie‹; *to bang like a dunny door* (meist in Bezug auf Frauen verwendet; bezieht sich auf die Vorstellung einer im Wind klappernden Klotür) ›wild im Bett sein‹; *banging-shop* (*shop:* Laden) ›Bordell‹; *to bang the bishop* (*bishop:* ugs. Penis) ›masturbieren‹.

## Anmerkungen

*bang* ist ein Wort des 20. Jahrhunderts. Es gewann wohl nach dem Zweiten Weltkrieg an Popularität. Jack Kerouac benutzt das Wort mehrmals in seinem Werk *On the Road* (1958). Heute gilt *bang* als geschmacklos, ohne obszön zu sein.

## BASTARD

*bastard* bezieht sich wie dt. *Bastard* nur noch sehr selten auf ein uneheliches Kind. Meist ist etwa ›Schweinehund‹ gemeint. *bastard* bezieht sich immer auf männliche Subjekte.

## Wendungen

Bei den folgenden typischen Wendungen lässt das Adjektiv auf die Schwere der Beleidigung schließen: *silly bastard* (albern), *old bastard* (alt), *real bastard* (echt), *bloody bastard*, *fucking bastard*. Grundsätzlich neutral ist *big bastard* ›großer Mann‹; *bastard of a thing* ›Scheißteil‹. *It's* (bei Gegenständen und Er-

eignissen auch: *She's) a real bastard.* ›Das ist ein Är-
gernis / eine missliche oder schwierige Lage.‹


*Anmerkungen*

Über das altfranzösische *bastard* (heute: *bâtard*) mit
der Bedeutung ›Kind einer unverheirateten Frau‹
schon sehr früh (13. Jahrhundert) in die englische
Sprache gelangt, ist *bastard* als Invektive gegen lästige Kinder und nutzlose Männer erst ab dem frühen
19. Jahrhundert belegt. *bastard* hat zahlreiche meist
nicht mehr gebräuchliche Nebenbedeutungen. Viele
davon gehen wohl auf die adjektivische Bedeutung
›unecht, korrumpiert‹, aber auch ›von ungewöhnli-
cher Form‹ zurück. Daher bezeichnete man in vergangenen Jahrhunderten z. B. bestimmte Kanonen-, Se-
gel- und Schiffstypen als *bastard*.

Zusammen mit → *bloody* ist *bastard* in Australien
besonders beliebt. Wie bei einigen anderen Wörtern
(vgl. → *cunt*, → *motherfucker*) kann es in bestimmten
Kontexten freundschaftlich oder kameradschaftlich
gemeint sein (›Kerl‹), etwa bei einem unerwarteten
Wiedersehen: *How the hell are you, you old bastard?*
In *The Complete Barry McKenzie*, einem satirischen
Werk des australischen Komikers Barry Humphries,
wird *bastard* in Anspielung auf diese Praxis als »a
nice person« definiert.

## BITCH

*bitch* (eigtl.: ›Hündin‹) ist eine Bezeichnung für eine gehässige, hinterlistige oder unangenehme Frau.

Das Verb *to bitch* bedeutet etwa ›sich in gehässiger Weise (über jdn.) auslassen; lästern‹.

*Wendungen*

Wenn Frauen gemeinsam lästern, spricht man von einer *bitch(ing) session*. *to bitch about s.th.* kann auch ›sich beschweren, jammern‹ bedeuten. Ein *bitcher* (meist ist ein Mann gemeint) ist daher ein ›Jammerlappen‹.

In vielen seit den 1970er Jahren entstandenen Wendungen bezieht sich *bitch* auf Männer. *bitch tits* ist eine ursprünglich in der Bodybuilder-Szene geläufige Bezeichnung für auffällig entwickelte Brüste bei Männern. Ein *kitchen bitch* ist ein Mann, der sich gern in der Küche aufhält, statt sich männlicheren Aufgaben zu widmen. Ein *bitch fight* ist ein Streit zwischen zwei homosexuellen Männern. Sprichwörtlich geworden ist die in den 1950er Jahren entstandene Wendung *Life's a bitch* etwa: ›Das Leben ist schwer/scheiße‹ (gelegentlich mit dem scherzhaften Zusatz *and then you die*).

*Anmerkungen*

**bitch** ist eine standardsprachliche Bezeichnung für
›Hündin‹ (bzw. auch ›Füchsin, Wölfin‹ usw.), wird aber
heute allenfalls in fachlichen Zusammenhängen in dieser Bedeutung verwendet, so sehr hat sich die Invektive durchgesetzt. **bitch** gehört zu einer langen Reihe
von Tierbezeichnungen (vgl. auch *cow*, *dog*), die als
frauenfeindliche Beleidigungen dienen, und ist bis
heute eine der schlimmsten Schmähungen. Grose
(1785) hält **bitch** für die schlimmste Beleidigung einer
Frau überhaupt. Er kennt auch die Wendung *to stand
bitch* bzw. *to bitch the pot*, mit der die Übernahme der
vermeintlich weiblichen Rolle des Einschenkens zur
Teestunde gemeint ist (heute noch gelegentlich in der
Form *to be mother*). Der ursprüngliche Vergleich mit
einer brünstigen Hündin und die Implikation der un-
kontrollierten Sexualität bzw. Körperlichkeit schwin-
gen nur noch sehr bedingt mit, denn die Schmähung
**bitch** gilt heutzutage nicht der Sexualität der Frau,
sondern ihrer Persönlichkeit bzw. ihren sozialen Fä-
higkeiten, was sich aus ihrer Interaktion nicht mit dem
anderen Geschlecht, sondern in erster Linie mit ihren
gleichgeschlechtlichen Freundinnen ergibt. Typischerweise sind Eigenschaften wie Boshaftigkeit und Hin-
terlist Voraussetzung. Dementsprechend wird **bitch**
sowohl von Männern als auch von Frauen verwendet.

Auf Männer bezogen meint **bitch** einen schwächlichen, femininen Mann oder den passiven Partner in
einer homosexuellen Beziehung. Die Wendung **son-
of-a-bitch** (auch: **sonuvabitch**, **sonofabitch**) ist keine
amerikanische Erfindung, obwohl sie dort allgegen-

wärtig ist (schon 1744 fiel der übermäßige Gebrauch in Amerika einem reisenden Schotten auf[25]). In Shakespeares *King Lear* nennt Kent Oswald »Sonne and Heire of a Mungrill Bitch«, und auch bei Lawrence Sterne und Lord Byron ist die Wendung belegt. Wie bei *bastard* handelt es sich bei *son-of-a-bitch* um eine Invektive, die unter Umständen als kumpelhafte, positiv gemeinte Anrede dient. So hat sich die ursprünglich euphemistische Abwandlung *son-of-a-gun* als Lobformel durchgesetzt. Rehabilitierungsversuche durch Feministinnen bzw. prominente Frauen, die die mit *bitch* implizierten negativen Eigenschaften bejahen wollen (Härte, Durchsetzungsvermögen; vgl. auch → *cunt*, → *pussy*), haben bislang nur sehr bedingt einen Einfluss auf den alltäglichen Sprachgebrauch gezeigt.

## BLOODY

Der Gebrauch des Adjektivs *bloody* – wörtl. ›blutig‹ – lässt sich mit dem deutschen *verdammt* vergleichen. Wie dieses wird *bloody* zur Verstärkung eingesetzt: *Bloody idiot!* ›Verdammter Idiot!‹ *It was bloody difficult.* ›Es war verdammt schwer.‹ Das geschieht häufig ironisch: *Bloody great!* ›Na toll!‹ Im Gegensatz zu *verdammt* kann *bloody* jedoch nie allein stehen.

25  Vgl. H. L. Mencken, *The American Language*, New York 1980, S. 313.

In Verbindung mit *well* wird *bloody* zur Verstärkung verwendet: *bloody well serves you right* ›(das) geschieht dir recht‹; oder es dient dazu, einen Befehl bzw. Zwang oder Entschluss zu unterstreichen: *Bloody well sit down!*, *You bloody well have to!*, *I'm bloody well not going to!* Es gibt hierfür einige mildere (umd zum Teil schon veraltete) Ersatzformen: *ruddy well*, *jolly well* (vgl. hierzu auch die Anmerkungen unten). Wie →*fucking* wird *bloody* gern zwischen zwei andere Satzglieder gesetzt (sog. Tmesis): *No bloody idea.* ›Keine Ahnung.‹

*Anmerkungen*

Es gibt verschiedene Theorien zur Herkunft des Wortes. Dass *bloody* eine abgekürzte Form des nicht mehr gebräuchlichen Ausrufs *By our Lady* (bei Chaucer belegt; etwa: ›Heilige Maria!‹) sei oder von *'Sblood* (eine Kurzform von *God's blood*) abstamme, ist schon deswegen mehr als fragwürdig, weil sowohl *by our lady* als auch *'Sblood* allein stehen, während *bloody* immer adjektivisch bzw. adverbial gebraucht wird. Das OED schlägt vor, *bloody* als Adjektiv zu *blood* ›junger Adliger‹ bzw. »a riotous, disorderly fellow« (Grose, 1785) zu begreifen, mit dem im 17. und frühen 18. Jahrhundert das zügellose Verhalten solcher Junker beschrieben wurde: Formulierungen wie *drunk as a blood* führten demzufolge zum adjektivischen Gebrauch, zunächst in der Wendung *bloody behaviour* als Beschreibung für inakzeptables Verhalten allgemein. Plausibler sind Erklärungsversuche, die auf das Symbol- und Zeichenhafte des Blutes verweisen. Aus Zusammensetzungen wie *bloody battle* und *bloody murder* mit den unangenehmen Assoziationen von Blutvergießen, Mord und Gewalt ergab sich ein ausdrucksstarkes und überall passendes Intensivierungswort.

*bloody* ist zunächst Adjektiv. In Shakespeares *Macbeth* (1606) bezeichnet Macbeth sein mörderisches Vorhaben als »bloody business« (II,1); und beim Auftreten eines blutverschmierten Soldaten fragt der König Duncan: »What bloody man is that?« (I,2). Erst später wird *bloody* zur Verstärkung gebraucht: In Briefen an seine Frau bezeichnete Jonathan Swift 1711 das Wetter als *bloody hot* bzw. *bloody cold*. Bei der Drucklegung der Briefe im Jahr 1768 sah man sich nicht dazu veranlasst, *bloody* zu streichen. Gegen Ende des 18. Jahrhunderts ist *bloody* allerdings inakzeptabel und gerät in den Verruf, nur von Kleinkriminellen gebraucht zu werden. In Mode war *bloody rascal*, eine heute noch durchaus häufige Bezeichnung für einen ungezogenen Jungen. Im 19. Jahrhundert galt *bloody* als höchst unanständig, intolerabel in besseren Kreisen nicht wegen des Inhalts (über einen Zusammenhang mit der Menstruation ist zwar spekuliert worden, aber das Wort verweist weder auf einen tabuisierten Körperteil noch auf eine ruchlose Praktik), sondern, wie es scheint, vor allem wegen der Klassenproblematik. Zu dieser Zeit erfreuten sich Ersatzformen mit *bl-* großer Beliebtheit: *bleeding* (Mitte des 19. Jahrhunderts), *blinking* (Anfang des 20. Jahrhunderts), *blooming* (zweite Hälfte des 19. Jahrhunderts), *blasted* (Mitte des 19. Jahrhunderts), *blinding* (1940er

Jahre). Für einen großen Skandal sorgte ***bloody*** bei
der Uraufführung von George Bernard Shaws *Pygmalion* im Jahr 1914: Im dritten Akt protestiert die
schlichte Blumenverkäuferin Eliza Doolittle, die zu
richtigen sprachlichen Umgangsformen erzogen werden soll: »Walk! Not bloody likely!« (die Formulierung stellt übrigens eine typische Tmesis dar). Über
den bevorstehenden Skandal wurde am Tag der Uraufführung berichtet, ohne allerdings das Wort selber
zu benutzen.[26]

Sowohl durch das fehlende Klassensystem als auch
durch die vielen Kriminellen in der jungen Strafkolo-
nie begünstigt, wurde ***bloody*** in Australien besonders
beliebt, wo der übermäßige Gebrauch einem reisenden Engländer schon Mitte des 19. Jahrhunderts auf-
gefallen ist: »One man will tell you that he married a
bloody young wife, another, a bloody old one; and a
bushranger will call out, ›Stop, or I'll blow your bloody brains out.‹« Er rechnete aus, dass der durch-
schnittliche Australier in seinem Leben das ›widerliche‹ Wort 18200200mal äußere.[27] Die australische
Zeitschrift *The Bulletin* hat ***bloody*** 1894 als »the Australian adjective« bezeichnet, und als australische Soldaten an den Kampfhandlungen des Ersten Weltkriegs teilnahmen, fiel die Vorliebe für ***bloody*** dem
englischen Dichter Robert Graves auf, der von der

26  Vgl. Richard Hugget, *The Truth about »Pygmalion«*, London
    1969, S. 127 f.
27  Vgl. A. Marjoribanks, *Travels in New South Wales*, London
    1847, S. 57 f.

»adjektivischen Armut«[28] der australischen Soldaten sprach. Den Ausdruck nachdrücklicher Zustimmung **bloody oath**, der sich aus **my bloody oath** ergab, hört man nur in Australien und Neuseeland. Die sog. *expletive infixation* – obwohl keine Erfindung der Australier – kommt dort sehr häufig vor. Typisch ist *fanbloodytastic*, *too-bloody-right* (vgl. auch →*fuck*). Der Australier John O'Grady (1907–1981) verfasste sogar ein Gedicht mit dem Titel »The Integrated Adjective« (1928). Darin wird der Ort Tumbarumba zu »Tumba-bloody-rumba«, die dortigen Kängurus zu »kanga-bloody-roos«. Eine Parodie dieser Praxis lieferte der Brite Alan Partridge (d.i. Steve Coogan): **Abso-blood-exactly**. In Australien gilt *bloody* bezeichnenderweise bereits in den 1940er Jahren als akzeptabel: Ein Richter hob hervor, dass das Wort angesichts der breiten Verwendung nicht als Fluch betrachtet werden könne.[29] Auch in australischen parlamentarischen Debatten ist *bloody* regelmäßig zu hören, ohne öffentliches Aufsehen zu erregen. In den USA hingegen wird **bloody** nur selten verwendet und gilt als typisch australisch bzw. britisch. Ein Witz über den arglosen Gebrauch von **bloody** handelt von einem Amerikaner, der in einem australischen Lokal ein **bloody** – also ein blutiges – Steak bestellt. Die Nachfrage der Kellnerin: »Would you like fucking fries with that?«

---

28 Im Original heißt es: »adjectival Barrenness of the Australian Forces« (Robert Graves, *Lars Porsena*, Richmond 2008, S. 40).
29 Vgl. Hughes, *Swearing*, S. 173.

## BLOW JOB

*blow job* bedeutet ›Fellatio‹ (seltener: ›Cunnilingus‹).
*to give s.o. a blow job / blow s.o. off* ›jdm. einen blasen‹.

*Anmerkungen*

*blow* weist nicht nur auf die orale Tätigkeit der Fellatio hin, sondern bedeutet in sexuellen Kontexten ›einen Orgasmus haben, ejakulieren‹. Zusammensetzungen mit *job* kommen in der englischen Umgangssprache recht oft vor und bezeichnen etwas, das gemacht wird oder gemacht worden ist. Die Wendung *it was a paint job* bedeutet etwa: ›Es musste gemalt/gestrichen werden / wir haben es angemalt/gestrichen.‹ Schon im 19. Jahrhundert bedeutet *on the job* nicht nur ›bei der Arbeit‹, sondern auch ›beim Geschlechtsverkehr‹. Ausdrücke wie *hand job*, *head job*, *foot job* können ebenfalls sexuelle Handlungen bezeichnen. Zusammensetzungen wie *nose job* und *boob job* weisen hingegen auf schönheitschirurgische Eingriffe hin: *She's had a boob job / a tit job.* ›Sie hat sich die Brüste vergrößern lassen.‹

## BOLLOCKS

auch: *ballocks, bollicks, bollix, bollox, bollux*

*bollocks* sind die Testikel; dt. ›Eier‹. Die Singularform *bollock* tritt gelegentlich auf: *my left bollock*. *to talk bollocks* ›Unsinn reden‹.

Das Verb hat mehrere Bedeutungen: ›etwas kaputt machen, zerstören‹: *He bolluxed my computer.* ›Er hat meinen Rechner kaputt gemacht.‹ In Verbindung mit *up* ergibt sich eine milde Form von *to fuck up*: *I bollocksed up at work.* ›In der Arbeit habe ich Mist gebaut.‹ (Vgl. auch *to balls up.*) *to bollock s.o.* ›jdn. zurechtweisen, zusammenscheißen‹. Auch: *to give s.o. a bollocking*: *My boss gave me a complete bollocking.* ›Mein Chef hat mich total zusammengeschissen.‹

Das Adjektiv *bollocky* bedeutet ›wertlos, minderwertig‹ (vergleichbar mit → *crap*): *a bollocky mobile* ›ein minderwertiges Handy, ein Schrottding‹.


*Wendungen*

Die Invektive *bollockbrain* bedeutet etwa ›Trottel‹. Das dazugehörige Adjektiv lautet *bollockbrained.*
   *the dog's bollocks* bezieht sich auf etwas sehr Auffälliges oder bedeutet ›das Größte, das Beste‹: *He stood out like the dog's bollocks.* ›Er fiel sehr auf (wörtl.: wie Hundeeier).‹ *He thinks his car is the dog's bollocks.* ›Er hält seinen Wagen für den tollsten.‹ *bollock-naked* (auch *bollocky naked* oder einfach *bollocky*) (BE) ›splitternackt‹ (AE hingegen bevorzugt → *butt naked*).

*Anmerkungen*

**bollocks** ist ein beliebtes Wort vor allem in Großbritannien und schon im Altenglischen belegt. Es handelt sich vermutlich um eine Diminutivform von *ball* (vgl. auch *hillock* ›kleiner Hügel‹). Bis ins 17. Jahrhundert war **bollocks** eine standardsprachliche Bezeichnung für die Testikel. Grose definiert 1796[30] nüchtern »the testicles of a man or beast« und erwähnt keine übertragene Bedeutung. Allerdings war **ballocky** schon 1694 in einer Rabelais-Übersetzung vorgekommen. Die Vielfalt der Schreibweisen spiegelt sowohl das Alter des Wortes als auch den intensiven Gebrauch wider. Besonders beim Verb ist die Schreibweise variabel. Der falsche Plural **bollixes** kommt gelegentlich vor. Ein Beleg für **bollocks** als Singular findet sich bei James Joyce, der in *A Portrait of the Artist as a Young Man* (1916) eine Figur von sich sagen lässt: »I'm a ballocks« (›Ich bin ein Trottel‹). Die Wendung **dog's bollocks** (auch: **dog's balls**), mit der etwas Auffälliges oder Großartiges bezeichnet wird, entspricht der Vorliebe der englischen Sprache für Reduplikationen: Vgl. die gleichbedeutenden Wendungen **the bee's knees** und **the mutt's nuts** (*mutt:* Köter), eine später entstandene scherzhafte Variante von **dog's bollocks**.

30  In der dritten Auflage seines Wörterbuchs.

## BONK

*to bonk* lässt sich mit ›vögeln, bumsen‹ übersetzen.

Das Substantiv bezeichnet den Geschlechtsakt bzw. den Geschlechtspartner: *a good bonk*. Die *-ing*-Form des Verbs wird gelegentlich (als Ersatzform für *fucking*) zur Verstärkung eingesetzt (*bonking drunk* ›stockbetrunken‹) oder wird als Substantiv (für: Geschlechtsverkehr) eingesetzt: *Done any bonking lately?* ›(Hast du) in letzter Zeit gevögelt?‹

*Anmerkungen*

Wie *to bang* betont *to bonk* (›stoßen‹) das Mechanische des Geschlechtsaktes. Im amerikanischen Englisch ist die obszöne Nebenbedeutung von *to bonk* unbekannt. Dort kennt man nur die standardsprachliche Bedeutung: *I bonked my head on the door frame.* ›Ich hab mir den Kopf am Türrahmen gestoßen.‹

## BOOBS

*boob* ist eine auch von Frauen verwendete und nicht besonders anstößige Bezeichnung für die weibliche Brust. *boob job* ist eine Bezeichnung für eine Brustvergrößerung.

*Anmerkungen*

Die Schreibweise *boobs* ist relativ neu; die Formen *bubbies* und *bubs* waren seit dem 17. Jahrhundert gebräuchlich. Im 20. Jahrhundert kommt auch *boobies* vor. *boob* hat einige andere umgangssprachliche Nebenbedeutungen; es bezeichnet einen Fehler (auch als Verb: *to boob s.th.* ›etwas vermasseln‹) oder einen einfältigen Menschen (›Trottel‹), daher bedeutet *boob tube* (*tube:* Röhre) ›Fernseher‹, in Anspielung auf dessen verdummenden Einfluss. *boob tube* ist heute allerdings meist eine Bezeichnung für ein trägerloses Oberteil (auch: *tube top*).

## BUGGER

Das transitive Verb *to bugger* bedeutet ›mit jdm. Analverkehr praktizieren, in jdn. anal eindringen‹. Das Substantiv *buggery* bedeutet ›Analverkehr‹ und wird vor allem in der Rechtsprechung verwendet; es ist allerdings weitgehend durch den Begriff *sodomy* ersetzt worden.[31] Es gilt in solchem Zusammenhang somit als nicht obszön (vgl. aber die Wendungen *hot as buggery* und *go to buggery*).

---

31 Während sich Sodomie im Deutschen in erster Linie auf Geschlechtsverkehr mit Tieren bezieht, bedeutet das englische *sodomy* fast immer Analverkehr (ob zwischen zwei Männern oder zwischen einem Mann und einer Frau spielt keine Rolle).

Das Partizipialadjektiv *buggered* kann entweder ›erschöpft‹ oder ›kaputt‹ bedeuten. Es wird in ähnlicher Weise wie *fucked* eingesetzt, ist aber etwas akzeptabler als dieses.

Als Substantiv bezeichnet *bugger* – im Gegensatz zu →*fuck* und →*shit* – keine verabscheuenswerte, sondern eine lästige oder unangenehme Person, die womöglich im Grunde genommen sympathisch ist. Auch ein Gegenstand, der in besonders ärgerlicher Weise Schwierigkeiten bereitet, kann als *bugger* bezeichet werden.

Die Interjektion *bugger!* bringt Verärgerung zum Ausdruck und ist vergleichbar mit dem Deutschen »verdammt!«.

*Wendungen*

*a lazy bugger* ›ein fauler Sack‹; *a funny bugger* ›ein komischer Kauz‹; *bugger me! / I'll be buggered* ist ein Ausdruck der Verwunderung, etwa: ›leck mich!‹; *bugger that* ›scheiß drauf‹. Die Wendung *bugger off!* kann wie auch *fuck off!* ›hau ab!‹ bedeuten oder Verwunderung und großes Staunen ausdrücken. *Bugger you! / Go to buggery!* ›Scher dich zum Teufel!‹; *to bugger s.th. up* (meist mit Objekt! vgl. hingegen →*fuck up*) ›etwas kaputt machen, vermasseln‹. Ein *bugger up* ist eine missliche Lage oder ungünstige Situation. *as hot as buggery* ›sehr heiß‹; *gone to buggery* ›kaputt‹ (Gegenstand); ›besiegt‹ (Mensch); *no silly/funny buggers!* ›nicht herumalbern!‹; *to bugger around/about* ›herumalbern‹;

*(sweet) bugger all* ›gar nichts‹; *buggered if I know*
›keine Ahnung‹.


*Anmerkungen*


Das Wort *bugger* geht auf die im 10. Jahrhundert entstandene bulgarische Religionsgemeinschaft der Bo-
gomilen zurück, denen die orthodoxe Kirche als Häretikern unnatürliche Praktiken nachsagte. Aus dem
Altfranzösischen ergab sich zunächst *bougre* (1340)
und schließlich das englische *bugger* (im heutigen
Französisch bedeutet *un bon bougre* ›ein guter Kerl‹).
Ein *bugger* war ursprünglich also ein Häretiker bzw.
jemand, der – zumindest in den Augen der etablierten
Kirche – unnatürlichen Sexualpraktiken nachging.[32]
   *bugger* zeichnet sich durch eine außerordentliche
Bedeutungs- und Formenvielfalt aus und wird in dieser Hinsicht nur noch von *fuck* übertroffen. Es gehört
ohne Zweifel zu den beliebtesten englischen Schimpf-
wörtern und ist besonders häufig in Großbritannien,
Australien und Neuseeland. In den USA hingegen
hört man *bugger* nur selten. Dort wird das Wort
*booger* verwendet, mit der Nebenbedeutung ›Nasen-
popel‹. Ein *bugger* ist in den USA jemand, der eine
Abhörwanze (*bug:* Wanze) anbringt. Die Frage »What
technology is available to the bugger of today?«[33]

32 Ausführlich hierzu: Georgi Vasilev, *Heresy and the English
   Reformation. Bogomil-Cathar Influence on Wycliffe, Langland,
   Tyndale and Milton*, Jefferson (N.C.) 2008, S. 32 ff.
33 So der Beispielsatz für diesen Gebrauch aus dem OED.

wirkt auf Briten und Australier komisch. Im südafri-
kanischen Englisch ist *bugger* nicht sexuell konnotiert;
es gilt dort als Kurzform für *rugger-bugger*, etwa: ›ein
Rugby spielender Kerl‹, und bezeichnet einen sehr
sportlichen und zugleich unsensiblen Mann; ein *bugger chick* ist das dazugehörige, sexuell freizügige Mädchen. Im Pidgin-Englisch ist das Wort *baga* frei von jedem Tabu und heißt schlicht ›Person‹. Ein *lesbaga* (*lazy bugger*) ist ein ›fauler Typ‹. Das Verb *to bagarap*
(von *to bugger up*) hat ein sehr breites Bedeutungsspektrum: ›kaputt gehen; einen Unfall haben; ausein-
anderfallen‹. 1975 benutzte Prince Charles dieses Verb
am Ende einer Rede in Papua-Neuguinea: »Af de ren
I bagarap mi nau arait«,[34] etwa: ›Nach dem Regen hatte ich Schwierigkeiten, aber nun ist alles in Ordnung‹.
Die zwei entlegenen Gipfel mit dem Namen Mount
Buggery in den Australischen Alpen verdanken ihren
Namen wohl der Wendung *to go to buggery*.

Das gleichlautende deutsche Wort *Bagger* hat eine
andere etymologische Herkunft. Deutschlernende mit
Englisch als Muttersprache sind zuweilen erleichtert,
wenn sie feststellen, dass es sich bei einem »Bagger-
see« lediglich um einen künstlichen See handelt und
nicht um einen ruchlosen Ort, an dem tabuisierte
Praktiken gepflegt werden.

34 *The Australian*, 19. September 1975, S. 1.

## BUM

***bum*** bedeutet ›Arsch, Hintern‹; ***to make a bum of
s.th.*** ›etwas vermasseln‹. Im amerikanischen Englisch
ist ein ***bum*** ein Obdachloser bzw. ein fauler Mensch;
›Penner‹.

Das Verb ***to bum around*** bedeutet ›ziellos umher-
wandern‹. ***to bum s.th. off/from s.o.*** ›etwas von jdm.
erbetteln‹: ***to bum a cigarette*** ›eine Zigarette schnor-
ren‹; ***to bum a ride*** ›mitfahren (ohne Gegenleistung
bzw. Danksagung)‹.

Als Ausruf ist ***bum!*** Ausdruck milder Verärgerung.


*Wendungen*

Die Wendung ***bum chum*** (*chum:* Kumpel) bezog sich
ursprünglich auf einen guten Freund, mit dem man
ein gewisses Maß an Intimität genoss, ist aber seit den
1990er Jahren sexuell konnotiert (und daher aus dem
normalen Diskurs weitgehend verschwunden) und
meint nun meist einen homosexuellen Freund bzw.
Geschlechtspartner – wie denn ***bum*** überhaupt in vielen die Homosexualität betreffenden Formulierungen
vorkommt. Ein ***bum fest*** ist eine homosexuelle Orgie.
***to bumfuck*** bedeutet ›anal verkehren‹; ***bumfuck***
(Subst.) ›Analverkehr‹ kann auch als Invektive oder
zur Bezeichnung eines entlegenen Ortes eingesetzt
werden und entspricht dt. »Buxtehude« (oft mit dem
scherzhaften Zusatz *Egypt*). Ein ***bum boy*** ist ein junger Homosexueller; ›Strichjunge‹. Ein ***bum man*** hingegen ist ein Heterosexueller, der am weiblichen Ge-

säß besonderen Gefallen findet (in Abgrenzung zu *legs man* bzw. *breast man*). *bum face* ist eine relativ harmlose Invektive.

*bum cleavage* (*cleavage:* Dekolleté) ›Poritze‹; *bumfluff* ›Flaumhaar (im Gesicht eines Jugendlichen)‹; *bum soup* ›Durchfall‹; *bum sucker* (vgl. → *arse licker*) ›Kriecher; Arschlecker‹; *bummer* bezeichnet eine unangenehme oder deprimierende Erfahrung: *It was a real bummer.* ›Es war echt scheiße.‹ *What a bummer!* ›Wie enttäuschend/ärgerlich!; So ein Scheiß!‹

*Anmerkungen*

Die Etymologie von *bum* ist unklar. Plausibel scheint die Verwandschaft mit Wörtern wie *bump*, die Erhebungen bezeichnen. *bum* gehört wahrlich nicht zu den allerschlimmsten englischen Obszönitäten. Wendungen wie *bums on seats* (mit der das Prinzip des gefüllten Theatersaals als oberste Priorität des Veranstalters umschrieben wird) oder *bum deal* (›schlechtes/ungünstiges Geschäft‹) sind regelmäßig in Zeitungen zu lesen, im täglichen Gespräch zu hören. Auch ein *bum-numbing* – also sehr langweiliger (*numb:* taub) – Theaterabend ist eine größere Schande für den Veranstalter als für denjenigen, der das Erlebnis in solchen Worten beschreibt.

## BUTT

*butt* (AE) bedeutet ›Arsch, Hintern‹.

*Wendungen*

Die häufigsten Invektive, die mit *butt* gebildet werden, sind *butt breath* (*breath:* Atem), *butthead* und *buttbrain*. Bei vielen Wendungen kann *butt* durch *arse* bzw. *ass* ersetzt werden; *butt* ist in der Regel der mildere Ausdruck: *to kick s.o.'s butt* ›jdn. bestrafen; jdn. besiegen‹ (vgl. → *arse*); *to kick butt* ›erfolgreich sein‹; ein *buttkicker* ist jemand, der auf seinem Gebiet herausragt. Auch das Adjektiv *butt-kicking* ist gebräuchlich: *a butt-kicking album* ›ein geiles Album (das alle anderen in den Schatten stellt)‹.

*butt-ugly* bedeutet ›sehr hässlich‹ und wird in Anlehnung an *fugly* (vgl. → *fuck*) gern zu *bugly* abgekürzt.

*butt-fuck* ›Analverkehr‹; *butt naked* (AE) ›splitternackt‹ (BE bevorzugt → *bollock naked*).

*Anmerkungen*

*butt* ist eine Bezeichnung für das dickere Ende eines beliebigen Gegenstands (*rifle-butt:* Gewehrkolben). *buttock* ›Hinterbacke‹, im Plural ›Gesäß‹, ist vermutlich eine Diminutivform von *butt* und daher erst später entstanden. Mit der Bedeutung ›Hintern‹ wird *butt* erst im 19. Jahrhundert in den USA populär und

ist dort nach wie vor sehr häufig: *I landed on my butt.*
›Ich bin auf dem Arsch gelandet.‹ Das Wort ist nicht
obszön – einige der oben genannten Wendungen allerdings schon –, aber umgangssprachlich und salopp.
Die Invektive *butthead* ›Dickkopf‹ (weltweit bekannt
seit der MTV-Serie *Beavis and Butthead*) entstammt
dem Schiffsbau, wo es das Ende einer Planke bezeichnet. *to butt in* ›dazwischenplatzen, sich einmischen‹
bzw. *butt out!* haben eine andere etymologische Herkunft.

## CACK

Das Verb *to cack* ist gleichbedeutend mit dem deutschen »kacken« (und etymologisch verwandt mit diesem).

Das Substantiv bedeutet ›Kacke‹. Möglich ist auch
der adjektivische Gebrauch: *The music on his mp3
player is cack. / He has cack music on his mp3 player.* ›Er hat Scheißmusik auf seinem MP3-Player.‹

*cacky* bedeutet ›mit Kot beschmutzt‹.

*Wendungen*

Die Wendung *to cack it* bzw. *to cack one's pants* ›große Angst haben‹ wird typischerweise in der Verlaufsform bei einer Nacherzählung eingesetzt: *I was really
cacking it.* ›Ich habe fast in die Hose gemacht‹. *to*

***cack on s.o.*** ›jdn. zurechtweisen, schimpfen, zusammenscheißen‹; ***to cack one's dacks*** (Austral.) (*dacks:* ugs. Hose) ›in die Hose machen; Durchfall haben‹.

*Anmerkungen*

***to cack*** geht auf lat. *cacare* zurück. Schon im Altenglischen kommt der Wortstamm in Form von *cac-hús* ›Abort‹ vor. In Australien bedeutet ***to cack o.s.*** ›lachen‹: *It was a real cack.* ›Es war zum Brüllen.‹ ***cack-handed*** heißt ursprünglich ***left-handed*** ›linkshändig‹ (was eine etymologische Verwandtschaft mit *cack* nicht ausschließt) und daher: ›unbeholfen, ungeschickt, linkisch‹.

In der Kindersprache bedeutet ***to go caca*** ›Groß machen‹.

## CLIT

*clit* bzw. *clitty*, eine Kurzform der standardsprachlichen Bezeichnung *clitoris*, wird in Ermangelung anderer umgangssprachlicher Bezeichnungen für diesen Teil der weiblichen Anatomie benutzt – vor allem in pornographischen Texten, wo es in Verbindung mit Wörtern wie *lick* und *fuck* zur Beschreibung von Sexualpraktiken eingesetzt wird. Wendungen wie ***bald man in a boat*** ›Glatzkopf im Boot‹, ***love*** (oder: ***fuck***) ***button*** (*button:* Knopf) usw. haben sich nicht allgemein durchgesetzt. Die Verwendung von *clit* als Invektive gegen eine Frau ist äußerst selten: »you stupid bitch, you dull clit« (Martin Amis, *The Rachael Papers*).

## COCK

*cock* ist eine obszöne Bezeichnung für das männliche Glied.

*Wendungen*

**some cock** ist vergleichbar mit **some cunt**, **some pussy** usw. und bezieht sich auf verfügbare männliche Sexualpartner, sei es aus hetero- oder homosexueller Perspektive. Bei **cock juice** (*juice:* Saft), **cock puke** (*puke:* Erbrochenes) und **cock snot** (*snot:* Rotze) handelt es sich um im Vergleich etwa zu →*jism* und →*come/ cum* bewusst abstoßende Bezeichnungen für das Ejakulat. **to pull one's cock** ›masturbieren‹.

Die Bezeichnung **cocksucker** ›Schwanzlutscher, Homosexueller, Arschloch‹ ist als allgemeine Invektive sehr weit verbreitet. Besonders in den USA gehört es zu den häufigsten Schmähungen. Das Adjektiv **cocksucking** ›abscheulich‹ ist ebenfalls belegt (so auch beim amerikanischen Dichter E.E. Cummings, der 1923 von den »cocksucking leisure classes«[35] sprach).

35 *Selected Letters of E. E. Cummings,* London 1972, S. 99.

Aus der Schmähung *he sucks cock* (er ist homosexuell / er ist ein verabscheuenswerter Mensch) ergab
sich die besonders im AE häufige, aber nun in allen
englischsprachigen Ländern bekannte Wendung *it/
that sucks* mit der Bedeutung ›das ist schlecht/ab-
scheulich/scheiße‹: *Homework sucks.* ›Hausaufgaben
sind scheiße. / Ich hasse Hausaufgaben.‹ Das wird
gern verstärkt durch die Ergänzung *big-time*: *That
sucks big-time. cockteaser* ist eine inflationäre Formulierung für *flirt* (›jd., der flirtet‹) und bezieht sich
auf eine Frau, deren Körpersprache (zumindest in
den Augen der Männer) zu einer sexuellen Handlung
einlädt, die sie aber nicht vollziehen möchte; *cock
block* (*block:* blockade) bezieht sich wiederum auf eine Handlung eines Dritten, der die sexuellen Avancen
bzw. Verführungsversuche eines Mannes verhindert;
der Urheber solcher Störmanöver, seien sie beabsich-
tigt oder unbeabsichtigt, ist ein *cock blocker*. Ein *soft-
cock* ist ein Schwächling: *Don't be such a soft-cock!*
›Sei doch kein Schlappschwanz/Schwächling.‹[36]

### Anmerkungen

Wie das lateinische Wort *penis*, das ›Schwanz‹ bedeutet, ist auch *cock* bereits eine Metapher, deren Sinn jedoch nicht ganz klar ist. Die Bedeutung geht mögli-

---

36 Ob das deutsche Wort »Schlappschwanz« auch eine sexuelle
   Metapher ist oder vielmehr auf die Vorstellung eines Hundes
   zurückgeht, der den Schwanz hängen lässt, darüber ist man
   sich nicht einig.

cherweise auf *cock* im Sinne von ›Vorrichtung zum Öffnen und Schließen von Rohrleitungen‹ (dt. ›Wasserhahn‹) zurück, obwohl sich dies kaum nachweisen lässt und auch andere Möglichkeiten denkbar sind. Der erste schriftliche Beleg stammt aus dem Jahr 1618. Francis Grose führt 1785 zwei Wendungen für die weibliche Scham auf, die mit **cock** gebildet werden: **cock lane** und **cock alley** (*lane*, *alley*: Gasse); in der dritten Auflage 1796 kommt noch **Miss Laycock** (*to lay*: liegen) dazu. Bis etwa 1830 gehörte **cock** noch zur Standardsprache; seitdem zählt es – je nach Zusammenhang – zu den obszönsten Wörtern englischer Sprache. **cock** wird nachweislich eher von Männern als von Frauen gebraucht[37] und kommt vor allem in pornographischen Texten vor bzw. dort, wo in sehr direkter Weise über sexuelle Handlungen gesprochen wird. Im Gegensatz etwa zu **fuck** und **shit** hat sich keine Bedeutungsvielfalt ergeben; **cock** ist weder als Interjektion noch als obszönes Verb gebräuchlich.

Eine Verdrängung der standardsprachlichen Bedeutungen von **cock** durch die tabuisierte Bedeutung ist bemerkenswerterweise nur in einigen Fällen beobachtet worden. So ist *cock* bzw. *cockerel* (›Hahn‹) in AE und in Australien weitgehend durch *rooster* ersetzt worden. *haycock* (›Heuhaufen‹) ist ebenfalls durch *haystack* ersetzt worden. Nicht verdrängt worden sind hingegen: *cockpit* (trotz der schon im 18. Jahrhundert belegten Nebenbedeutung ›Vagina‹), *cocktail* und *cockroach* (AE meist allerdings verkürzt zu: *roach*). Ganz abgesehen von der Standardsprache hat **cock**

---

37 Vgl. Allan/Burridge, S. 89.

viele andere umgangssprachliche Bedeutungen. Das
Verb *to cock* (›aufrichten, [Gewehr] spannen‹) hat
keinerlei obszöne Bedeutung. Auch die Wendung
*cock-up* ›missliche Lage, völliges Durcheinander‹ gilt
nicht als obszön.

Zu erwähnen wäre auch ›Kerl, Kumpel‹. Dies war
ursprünglich ein Lob auf einen Mann, der sich als tap-
fer erwiesen hat. Die Grußformel **Hello, old cock**
hört man noch in ländlichen Gegenden, besonders bei
älteren Menschen.

In bestimmten gesellschaftlichen Situationen bzw.
soziolinguistischen Gruppen sorgen Namen, die *-cock*
bzw. *Cock-*, oder *-cox* enthalten, für peinliche Situationen. Eine modifizierte Aussprache bzw. Schreibung
kann Abhilfe schaffen. So hat der Vater der amerikanischen Schriftstellerin Louisa May Alcott den Fami-
liennamen »Alcox« in »Alcott« geändert.[38]

Obwohl es sich bei *penis* um eine neutrale und daher
nicht tabuisierte Bezeichnung für das männliche Glied
handelt, kommt es gelegentlich in Invektiven wie etwa *penis breath* (wörtl. ›Penis-Atem‹) vor.

Vor allem in den Südstaaten der USA kann sich *cock*
auf die Vagina beziehen (von frz. *coquille* ›Muschel‹).

38 Vgl. Keith Allan, *Natural Language Semantics*, Oxford 2001,
   S. 161.

## COME/CUM

*come/cum* (Subst.) bezeichnet das Ejakulat. Das Verb bedeutet ›einen Orgasmus haben; kommen‹.

*Anmerkungen*

Im Englischen wie im Deutschen bedeutet das standardsprachliche Verb *to come* bzw. *kommen* ›einen Orgasmus haben‹ (erste schriftliche Belege stammen aus dem 17. Jahrhundert). Das Substantiv mit der Bedeutung ›Ejakulat‹ dürfte erst im Laufe des 20. Jahrhunderts weite Verbreitung gefunden haben. Die Schreibweise *cum*, die man ausschließlich in pornographischen Texten finden wird, betont den sexuellen Aspekt des ansonsten alltäglichen Wortes. Die Wendung *cum-bucket* (*bucket*: Eimer) bezeichnet ein sexuell freizügiges Mädchen oder allgemeiner einen widerlichen Menschen. *cum-shot* (*shot*: Kameraeinstellung) ist die filmische Darstellung der Ejakulation (auch: *money shot*, da eine solche Szene als wesentlicher Teil eines pornographischen Filmes gilt).

## CRAP

Das Substantiv *crap* bedeutet ›Abfall, Fäkalien, Kot‹ und daher auch allgemein: ›Müll, minderwertiges Zeug, Unsinn‹.

Das Verb *to crap* bedeutet ›den Darm entleeren‹. Meist werden jedoch die Hilfsverben *take* oder *have* mit dem Substantiv kombiniert: *to take a crap*, *to have a crap*.

*Wendungen*

*to crap on* bedeutet ›überflüssiges, oberflächliches Gerede hervorbringen‹: *He's always crapping on about himself.* ›Er redet dauernd von sich selber (in besonders nichtssagender Weise).‹ Die Wendung *to be crapping it* (BE) ›große Angst haben‹ kommt fast immer in der Verlaufsform vor: *I was really crapping it.* ›Ich hätte fast in die Hose gemacht.‹ *to crap around* (AE) ›herumalbern‹; *stop talking crap* ›red keinen Unsinn‹; *cut the crap* ›komm zur Sache‹; *crap artist* ›Lügner, Hochstapler‹; die Zusammensetzungen *crap-head*, *crapbrain*, *crapface* sind allgemeine Invektiven.

*crapheap* (*heap:* Haufen) bezeichnet entweder einen widerlichen Ort oder ein minderwertiges Ding: *My car is a real crapheap.* ›Mein Auto ist ein reiner Schrotthaufen.‹ Zur Verstärkung einer Aussage dient die Wendung *to ... the crap out of s.o./s.th.: He beat the crap out of me.* ›Er hat mich total zusammengeschlagen / windelweich geschlagen.‹

Das Adjektiv *crap* bzw. *crappy* mit der Bedeutung ›von minderer Qualität‹ ist vielseitig einsetzbar: *crap weather* ›Scheißwetter‹; *crap food* ›schlechtes Essen‹; *I'm feeling crappy.* ›Ich fühle mich nicht wohl. / Mir geht es schlecht.‹

Die Wendung *what the crap!* ist eine Ersatzform für *what the fuck!* Als Bezeichnung für das WC hört man gelegentlich *crapper*.

*Anmerkungen*

*crap* bezeichnete ursprünglich Abfall bzw. minderwertige Restprodukte, seien sie bei der Getreideverarbeitung, bei der Bierproduktion (Bodensatz) oder beim Auslassen von Fett entstanden. Erst Ende des 19. Jahrhunderts ist *crap* in der Bedeutung ›Fäkalien‹ belegt, doch der Gebrauch ist vermutlich wesentlich älter.

    *crap* ist im Vergleich zu → *shit* etwas milder. In einigen Fällen sind die Wörter austauschbar (*to have a shit/crap time*, *to be feeling shitty/crappy*). Der Name des beliebten amerikanischen Würfelspiels *craps* geht wohl auf dt. ›Krabbe‹ zurück, eine bereits im 16. Jahrhundert gebräuchliche Bezeichnung für den Wurf einer Einser-Dublette. Beim *craps*-Spielen kommen Wendungen wie *to shoot craps* oder *to throw a crap* vor. Auch die Wendung *to crap out* ›scheitern‹ geht auf das Spiel zurück.

    Gelegentlich liest man, dass das Wort *crap* auf den Spengler Thomas Crapper zurückgehe, der im 19. Jahrhundert sanitäre Anlagen unter anderem für Mitglieder der königlichen Familie herstellte und dessen Name noch heute auf einigen Londoner Gullydeckeln (unter anderem in Westminster Abbey) zu lesen ist. Doch das Wort ist viel älter, wenn auch der Name des erfolgreichen Spenglers den einen oder anderen dazu ermuntert haben mag, vom ***crapper*** zu sprechen.

Die Wörter ***crapulent*** (›besoffen, verkatert‹) und ***crapulous*** gehen auf lat. *crapula* bzw. griech. *kraipalē* (›Rausch, Katzenjammer‹) zurück. Beide werden als scherzhafte Ersatzformen für ***crappy*** eingesetzt: ***I'm feeling crapulous / I'm feeling crappy.***

## CUNT
auch: *cunny*

*cunt* ist eine obszöne Bezeichnung für die weibliche Scham und entspricht dem deutschen »Fotze, Möse«. Es wird häufig eingesetzt, um eine besonders unangenehme und dumme Person zu bezeichnen (›Arschloch, Schweinehund‹).

*Wendungen*

Als Invektive ist *cunt* sehr weit verbreitet. Der Gebrauch von *cunt* als Invektive gegen weibliche Personen ist in den USA häufiger als in Großbritannien und Australien, wo es sich fast immer auf einen Mann bezieht. Typisch und ausdrucksstark ist die Intensivierung durch *fucking*: **You fucking cunt!** ›Du verdammtes Arschloch!‹. Eine extreme Ausartung dieser Tendenz ist die Beschimpfung: **You bloody fucking cunt!** Auch **cuntface** (›Arschgesicht‹) ist eine außerordentlich starke und beleidigende Invektive. In bestimmten soziolinguistischen Gruppen bedeutet **cunt** ›Kerl‹ oder ›Typ‹. Oft deutet ein Adjektiv auf die Absicht des Sprechers hin, wie etwa bei **funny cunt** ›komischer Kauz‹. **a bit of cunt** bedeutet ›ein bisschen Geschlechtsverkehr‹. Die Wendung **there'll be some cunt at the party** bedeutet ›es werden (sexuell verfügbare) Frauen auf der Party sein‹ und bezieht sich in herabwürdigender Weise auf Frauen in ihrer Eigenschaft als Mittel zur Befriedigung der männlichen Lust. **a cunt of a ...** entspricht in etwa dem deutschen »Scheiß-«: **I've had a cunt of a day.** ›Ich habe einen Scheißtag gehabt.‹ **a cunt of a thing** ›Scheißteil!‹. **cuntstruck** bedeutet (in Anlehnung an Zusammensetzungen wie **moonstruck** ›mondsüchtig‹, **lovestruck** ›liebestrunken‹) ›von Frauen besessen, ihnen verfallen‹. Die Wendung **cunt hair** bezeichnet einen äußerst geringen Abstand (vgl. → **dick**): **I missed by a cunt hair.** ›Ich habe ganz knapp verfehlt‹. **cunt muncher** ›Lesbe‹ (*to munch:* kauen, knabbern); **cunt rug** (*rug:* Teppich) ›weibliche Schamhaare‹; **cunt-teaser** vgl. → **cock-teaser**, **cunt-tickler** ›Schnurrbart‹.

## Anmerkungen

Es gibt Entsprechungen zu **cunt** in vielen germanischen Sprachen: Schwedisch: *kunta*; Westfriesisch:

*kunte*; Niederländisch: *kot*. Unwahrscheinlich ist eine etymologische Verwandtschaft mit Wörtern, die auf lat. *cunnus* (›Vulva‹) zurückgehen, wie z. B. frz. *con*, span. *coño*.

*cunt* hat eine sehr lange Wortgeschichte. Im Mittelalter gab es in vielen englischen Städten den Straßennamen *Gropecuntelane*, eine vielsagende Zusammensetzung aus *to grope* (›befummeln‹), *cunt* und *lane* (›Gasse‹). Der früheste Beleg für diesen Straßennamen stammt aus dem beginnenden 13. Jahrhundert. Solche Gassen wurden wohl von Prostituierten und deren Kundschaft frequentiert. Das Wort *cunt* war also offenbar im öffentlichen Diskurs zulässig. Das belegt auch *Lanfrank's Science of Chirurgie*, eine um 1400 erschienene Übersetzung aus dem Lateinischen.[39] Darin wird das Wort *cunte* im akademischen Zusammenhang verwendet. Ende des 16. Jahrhunderts ist das Wort allerdings nicht mehr akzeptabel und kommt nur noch in Zoten und pornographischen Texten vor, häufig unter Auslassung des Vokals: *c—t*. Francis Groses prägnante Definition »a nasty name for a nasty thing« (»eine widerliche Bezeichnung für ein widerliches Ding«) war noch 1796 in seinem Werk über die Umgangssprache zu finden, fehlte aber in späteren Ausgaben. An anderer Stelle benutzt er die Umschreibung »the divine monosyllable«, eine Anspielung auf das einsilbige *cunt*, die besonders im prüden 19. Jahrhundert Konjunktur hatte. Ende des

---

39 Insofern ist die Angabe im *Chambers Slang Dictionary* »Lanfranc used it [cunt] while writing his *Chirurgia Magna* in 1363« nicht richtig.

19. Jahrhunderts, vermutlich zunächst in den USA, wird *cunt* zunehmend als Beleidigung gebraucht, und in den 1930er Jahren kommen beide Bedeutungen – Körperteil und Invektive – nebeneinander vor, wie etwa in Henry Millers Roman *Tropic of Cancer* (1935). In D.H. Lawrences Roman *Lady Chatterley's Lover* (1928) kommt *cunt* mehrmals vor. Der Wildhüter Mellors nennt seine Geliebte »good cunt«. Auf ihre Frage, was er damit meine, erläutert er: »An' doesn't ter know? Cunt! It's thee down theer; an' what I get when I'm i'side thee, and what tha gets when I'm i'side thee.«[40] Für den schlichten Wildhüter ist *cunt* offenbar ein allumfassendes Wort für den Geschlechtsakt und für erotische Erfüllung überhaupt. *fuck* jedoch verblasse dagegen: »Fuck's only what you do. Animals fuck. But cunt's a lot more than that.«[41] Lawrence wollte, wie aus brieflichen Äußerungen hervorgeht, die Poesie der angeblich obszönen Wörter wieder aufleben lassen, und zwar im einzigen Zusammenhang, in dem dies möglich ist, zwischen Liebenden. Kritiker waren sich uneinig, ob Lawrence dadurch dem Wort wieder zu seiner vermeintlichen alten Würde verhalf oder nicht. Trotz erneuerter Enttabuisierungs- bzw. Rehabilitierungsversuche[42] durch

---

40 »Weißte das nich? Fotze! Das bist du da unten, und was ich hab, wenn ich in dir bin, und was du hast, wenn ich in dir bin.« Dass der Wildhüter Dialekt redet, hebt den Abstand zwischen ihm und seiner adligen Geliebten hervor.

41 »Vögeln is nur, was man macht. Tiere vögeln. Aber Fotze bedeutet viel mehr als das.«

42 Bespielhaft ist: Inga Muscio, *Cunt: A Declaration of Independence*, Emeryville 2002.

Feministinnen gehört **cunt** zu den wenigen Wörtern, die in den allermeisten Kontexten noch genuin tabuisiert sind. Mit der Tabuisierung des Wortes hängen die vielen Wortspiele zusammen, die das Wort nennen und doch nicht aussprechen. Dazu gehören *spoonerisms* (Vertauschung der Anfangskonsonanten: Schüttelreime) wie *cunning stunt*, *cupid stunt* und erfundene Akronyme (*Cambridge University National Trust Society*, *Caring Understanding Nineties Type*). Auch die scheinbar harmlose Invektive **berk** nennt das Wort, ohne es auszusprechen, denn im sog. *rhyming slang* verweist nicht das – in der Wendung ohnehin unterdrückte – Reimwort, sondern das vorangestellte Wort auf den ersetzten Begriff: Aus der Jagd **Berkely hunt** (= **cunt**) wird also **berk**. Auch James Joyce, der in *Ulysses* (1922) **cunt** bzw. **cunty** mehrmals benutzt (»the grey sunken cunt of the world«), versteckt es einmal in der Zeile »See you in tea«[43] – also: *c - u - n - t* – (vgl. →*fuck*). Shakespeare schließlich lässt Hamlet (III,2) Ophelia quälen, indem er von *country matters* spricht: er meint nicht Rustikales, sondern Anzügliches.

43 James Joyce, *Ulysses*, hrsg. von Hans Walter Gabler, London 1986, S. 405 (Kapitel 15).

## DAMN

Das Verb *damn* (das *n* wird nicht ausgesprochen)
bringt in Verbindung mit Pronomen Verärgerung oder
Aggression zum Ausdruck (vgl. auch →*fuck*): *Damn
it! Damn you/him/them!* usw.

Aus dem Fluch *damn* ergab sich das Substantiv, das
ausschließlich in Wendungen wie *not worth a damn*
›nichts wert‹, *not to care a damn / not to give a damn*
(Ausdruck ausgeprägter Gleichgültigkeit) vorkommt.

Das Partizip wird entweder adjektivisch benutzt
*damned fool* ›verdammter Idiot‹ oder als Ausdruck
der Verwunderung *I'll be damned!* etwa: ›Leck mich!‹.

Auch *damn* (Kurzform von *damned*) wird als Adjektiv eingesetzt: *Where's the damn thing?* ›Wo ist das
Scheißteil?‹ *That's none of your damn business.* ›Das
geht dich nichts an.‹

*damn* wird auch zur Qualifizierung von Adjektiven
benutzt: *damn close* (= *very close*) ›verdammt nahe‹.


*Anmerkungen*


Bis ins frühe 20. Jahrhundert wurde der heute relativ
harmlose Fluch *damn* fast immer als *d——* oder *d—n*
gedruckt. Im 18. Jahrhundert wird *bloody* ohne Wei-
teres gedruckt, nicht aber das anstößigere *damned*,
das mit *d——ed* wiedergeben wurde (zum Beispiel in
den Briefen Jonathan Swifts, erschienen 1768). In seinem Roman *Nicholas Nickleby* (1839) lässt Charles
Dickens die Figur Mr Mantalini wiederholt die euphe-
mistischen Formen *demnition* und *demmit* äußern –

mit großer komischer Wirkung. In der zweiten Hälfte des 19. Jahrhunderts erreichte die Tabuisierung einen Höhepunkt. In Anthony Trollopes *The Prime Minister* (1876) äußert Ferdinand Lopez das Wort vor seiner jungen Ehefrau, die deswegen zutiefst schockiert ist und diese unerhörte Äußerung als Zeichen einer schrecklichen Ehekrise auffasst.[44] In der Operette *H.M.S. Pinafore* (1878) wird auf dieses Verbot angespielt:

> »Though ›Bother it‹ I may
> Occasionally say,
> I never use a big, big D.«

Mit »big, big D« ist *damn* gemeint. *damn* hat seine Brisanz weitgehend verloren, aber die heute gebräuchlichen Euphemismen *dang* (AE), *dash* und *darn* zeugen noch davon.

*Goddam* (meist ohne *n*) wird entweder adverbial (*goddam annoying* = *very annoying*) gebraucht oder als Fluch. Schon zu Zeiten Jeanne d'Arcs fiel der übermäßige Gebrauch von *goddam* durch die Engländer auf: Die Franzosen nannten sie daher »les Goddems«. Die gegenwärtige Entsprechung lautet *les fuckoffs*[45] und wird seit den 1960er Jahren in Bezug auf britische Tagestouristen in Anspielung auf ihre unverhohlene Vorliebe für Obszönitäten benutzt.

---

44 Vgl. Anthony Trollope, *The Prime Minister*, London 1991, S. 369.
45 Vgl. Simon Mort, *Longman Guardian Original Selection of New Words*, Harlow 1986, S. 77.

## DICK

*dick* ist eine Bezeichnung für das männliche Glied.

Das Verb mit der Bedeutung ›bumsen‹ ist relativ selten. Der Mann ist dabei immer Subjekt: *He dicked her last week.* ›Er hat sie letzte Woche gebumst.‹ *to dick around* ist gleichbedeutend mit *to fuck around*.

*Wendungen*

Es gibt eine Reihe von Invektiven mit der Bedeutung ›törichter Mensch, Trottel, Dummkopf‹. Am beliebtesten ist *dickhead*, aber gebräuchlich sind auch *dickbrain*, *dick-for-brains*, *dickbreath* oder einfach *dick*. Bei *dicklicker* und *dicksucker* handelt es sich um abgemilderte Formen von *cocksucker*. Das Adjektiv *dickless* – wörtl. ›ohne Penis‹ – bezeichnet einen willensschwachen oder mutlosen Mann. *had the dick* bedeutet ›kaputt‹; *to pull one's dick* ›masturbieren‹; *dick shit* ›gar nichts‹ (auch nach Negation): *I (don't) know dick shit about ornithology.* ›Ich weiß rein gar nichts über Ornithologie.‹ *bee's dick* bezeichnet einen äußerst geringen Abstand (vgl. → *cunt*): *The ball missed the goal by a bee's dick* (*bee:* Biene). ›Der Ball hat das Tor ganz knapp verfehlt.‹

Bei einem *dick thing* handelt es sich um etwas, das nur Männer angeht bzw. nur Männer verstehen können. *Going fishing is a dick thing.* ›Angeln ist reine Männersache.‹ In kritischer Absicht kann *dick thing* auch etwas bezeichnen, das auf übertriebene Männ-

lichkeit zurückzuführen ist: *War is a dick thing.*
›Krieg ist ein Männerproblem.‹[46]

*Keep your dick in your pants!* ›Bleib mal ganz lo-
cker!‹ Wie die akzeptablere Wendung *to be caught
with one's pants down* bedeutet *to be caught holding
one's dick* ›in einer peinlichen Situation erwischt werden‹.


*Anmerkungen*


**Dick** ist eine Verniedlichungsform des Vornamens
*Richard* (vgl. auch →*fanny*) und wird schon im
16. Jahrhundert zur gängigen Bezeichnung für einen
Kerl, besonders in Verbindung mit wohlklingenden
bzw. alliterierenden Beiwörtern wie *desperate* und
*dirty*. Hierher rührt die Wendung *clever-dick* (etwa:
›schlaues Kerlchen, Besserwisser‹). *dick* ist schon sehr
früh auch als Bezeichnung für einen einfältigen Menschen gebräuchlich. Obwohl über den Gebrauch von
**dick** als Bezeichnung für den Penis im 16. Jahrhundert spekuliert worden ist,[47] kam diese Bedeutung

46 Das Wort *dickthing* ist laut dem *Chambers Slang Dictionary*
   seit den 1990er Jahren geläufig und sei ursprünglich Studen-
   tensprache. Aber Bonnie Greer kannte nach eigenen Anga-
   ben die Wendung »in the South Side of Chicago neighbour-
   hood where I came of age« [das würde bedeuten etwa Mitte
   der 1960er Jahre] (*The New Statesman*, 17. März 2003). Hier
   zeigt sich nicht nur, dass der Ausdruck ein Vierteljahrhundert
   älter ist als zunächst vermutet, sondern auch seine Herkunft in
   einem völlig anderen sozialen Umfeld hat.
47 Vgl. Gordon Williams, *Dictionary of Sexual Language and Im-*

wahrscheinlich erst um 1850 auf. Die heutige Invektive *dick* (›Idiot‹) stellt keine Rückkehr zur alten Bedeutung dar, sondern entspricht der generellen Neigung, tabuisierte Körperteile als Invektive einzusetzen (→ *cunt*).

Im Vergleich zu *cock* ist *dick* akzeptabler: Während *dick* auf dem Schulhof, unter Freunden gängig ist, haftet dem obszöneren *cock* etwas Unanständig-Pornographisches an. In ähnlicher Weise ist *dickhead* in der Regel mit ›Trottel, Idiot‹ zu übersetzen, während *cocksucker* eine wesentlich härtere Beleidigung ist (etwa: ›Arschloch‹).

Das Adjektiv *dicky* bedeutet ›minderwertig, kaputt‹. Die Etymologie von *dicky* ist ungeklärt, aber eine Verbindung zur obszönen Nebenbedeutung scheint sehr unwahrscheinlich.

## DONG

*dong* gehört, zusammen mit einigen anderen einsilbigen Wörtern, die mit *d* beginnen, wie *dang*, *dink* und *donk*, zu den harmloseren Bezeichnungen für das männliche Glied: *to flog one's dong* ›masturbieren‹ (*to flog:* peitschen). In Australien ist die Variante *donger* üblich, wenigstens in scherzhaften Wendungen wie *to dangle one's donger* (*to dangle:* baumeln las-

*agery in Shakespearian and Stuart Literature*, 3 Bde., London 1994, Bd. 1, S. 382.

sen) ›urinieren‹ und *as dry as a dead dingo's donger*
›so trocken wie der Pimmel eines toten Dingos‹ (Vorstellung eines in der Sonne ausgedörrten Tierkada-
vers). Neben der lautmalerischen Funktion als Ergänzung zu *ding* (*ding-dong*) für Glockenschläge, Türglo-
cken usw. bedeutet *dong* auch ›(Faust-)Schlag‹.

## DYKE
auch: *dike*

Eine *dyke* ist eine lesbische (auch: eine männlich wir-
kende) Frau.

Das seltene Verb *to dyke* bedeutet etwa: ›lesbischen
Sex haben; als Lesbe leben‹: *She's dyking it to for-
ward her career.* ›Sie lebt als Lesbe, um ihre Karriere
voranzubringen.‹

Adjektive wie *dykey*, *dykish* haben sich gebildet: *a
dykey haircut, a dykey café, she looks dykish.*

In Anlehnung an *fag-hag* bezeichnet *dyke-hag* einen
meist heterosexuellen Mann, der die Gesellschaft von
lesbischen Frauen genießt.

*Anmerkungen*

Die Herkunft von *dyke* ist ungeklärt. Möglich ist die
Ableitung von *to dike up* mit der Bedeutung ›sich
schön kleiden, sich herausputzen‹, da im 19. Jahrhun-

dert viele Lesben Männerkleidung trugen. Denkbar ist auch *dyke* ›Graben‹ als umgangssprachlicher Ausdruck für die weiblichen Genitalien. Zuletzt ist postuliert worden, dass es sich bei *dyke* um eine korrumpierte Form von *Hermaphrodite* handelt.[48] In der Regel ist *dyke* neutral oder wird bejahend eingesetzt. Eine lesbische Frau, die als Vorbild gilt, nennt man *dykon* (in Anlehnung an *icon*). Beleidigend ist *dyke* nur dann, wenn es in herabwürdigender Weise von Außenseitern benutzt wird (wie in der Invektive *dykeface*).

## FAGGOT

auch: *fagot*

*faggot* ist eine Bezeichnung für einen Homosexuellen (seltener: für eine homosexuelle Frau). Die Kurzform *fag* ist weit verbreitet.

Das Adjektiv *faggy* bedeutet ›weibisch, schwuchtelig, homosexuell‹. Unter Homophoben ist *faggot-lover* eine Bezeichnung für jemanden, der eben nicht unter Homophobie leidet.

---

48 Vgl. Susan E. Krantz, »Reconsidering the Etymology of *bulldike*«, in: *American Speech* 70 (1995) S. 217–221.

## Anmerkungen

Die Nebenbedeutungen von *faggot*, die aus der ursprünglichen Bedeutung ›zusammengebundene Äste, Reisigbündel; ein Bündel allgemein‹ (vgl. frz. *fagot*, ital. *fagotto* sowie das Musikinstrument Fagott) hervorgingen, sind weitgehend in Vergessenheit geraten. Bei der Musterung im 18. Jahrhundert nannte man Männer, die gemietet wurden, um ein Regiment aufzufüllen, *faggots*. Wie es dazu kam, dass *faggot* ›Homosexueller‹ bedeutet, ist ungeklärt. Da ein Scheiterhaufen aus *faggots* besteht, ist es möglich, dass Homosexuelle, die im Mittelalter sicherlich zu den Häretikern gehörten, in Anspielung auf die für sie vorgesehene Hinrichtungsart auch *faggots* genannt wurden. Denkbar ist auch, dass sie nach einer Absage an ihren Lebensstil die Abbildung eines *faggot* tragen mussten, als Zeichen dafür, was sie verdient hätten – den Scheiterhaufen; aber Belege dafür haben sich bislang nicht gefunden. Ende des 16. Jahrhunderts diente *faggot* nachweislich als Invektive gegen Frauen und Kinder, und es ist plausibel, dass auch weibische Männer bald so beschimpft wurden. Seit dem frühen 20. Jahrhundert hat sich die Bedeutung ›Homosexueller‹ gefestigt. Seit etwa 1950 kann mit *faggot* auch eine homosexuelle Frau gemeint sein; *fag hag* meint seit den 1970er Jahren eine Frau, die die Gesellschaft von homosexuellen Männern genießt (vgl. *dyke-hag*).

Im Jahr 1966 beobachtete die englische Zeitschrift *The New Statesman*, das »amerikanische Wort« *faggot* verdränge das in England gebräuchliche, »menschlichere« *queer*, das wiederum in den 1990er Jahren populär wurde zur Hervorhebung der Andersartigkeit der Homosexuellen und ihrer Kultur (auch in den Literatur- und Kulturwissenschaften: »queer studies, queer theory«). Substantive wie *fagdom* und *faggotry* bezeichnen den Zustand des Homosexuell-Seins bzw. die Gemeinschaft der Homosexuellen oder spielen auf Homosexualität nebst den dazugehörigen Praktiken bzw. den Lebensstil an.

Es ist darüber spekuliert worden, dass *fag* auf die *fags* in der englischen *public school* zurückgeht. Das waren junge Schüler, die für die älteren Aufgaben erledigen mussten, dazu gehörten womöglich mitunter auch sexuelle Dienste. Auch hier scheint die naheliegendere Erklärung – *fag* sei eine Kurzform von *faggot* – die plausiblere. *fag* bedeutet auch ›Zigarette‹; dass dies darauf zurückzuführen ist, dass die Zigarrenraucher als echte Männer auf die schwächlichen Zigarettenraucher herabblickten und die Zigaretten als *fags* bezeichneten, scheint sehr unwahrscheinlich.[49]

---

49 In *The Queen's Vernacular* (San Francisco 1972) wird behauptet, dass dieser Gebrauch von *fag* während des Ersten Weltkriegs entstanden sei; doch das Wort ist einige Jahrzehnte älter und bezog sich anfangs auf billige, womöglich aus Tabakresten zusammengebastelte Zigaretten.

## FANNY

*fanny* ist eine Bezeichnung für die weibliche Scham
(BE) oder das Gesäß (AE), sei es männlich oder
weiblich.

*fanny flaps* (*flap:* Klappe) sind die Schamlippen. *to
fanny about/around* ist eine milde Ersatzform für *to
fuck around* mit der Bedeutung ›Zeit verschwenden;
ziellos handeln‹.

*Anmerkungen*

Die Etymologie von *fanny* is unbekannt. Vermutlich
hängt es mit der im 18. und 19. Jahrhundert beliebten
Verniedlichung des Frauennamens *Frances* zusammen. Ein literarisches Vorbild hat man in Fanny Hill,
der Heldin des erotischen Romans *Memoirs of a
Woman of Pleasure* (1749), erkennen wollen, besonders da der Name auf *mons veneris* (›Venushügel‹,
Schamhügel‹) anzuspielen scheint. Allerdings gelingt
dieses Wortspiel nur dann, wenn *fanny* als umgangssprachliche Bezeichnung für die weibliche Scham geläufig ist. Nach dem brutalen Mord und der Zerstü-
ckelung des achtjährigen Mädchens Fanny Adams im
Jahr 1867 bezeichneten britische Marinesoldaten ihren minderwertigen Dosenhammel als *(sweet) Fanny
Adams*. *Sweet Fanny Adams* bezeichnet in der Folge
etwas Wertloses und schließlich: ›gar nichts‹. Die
Wendung wurde später aufgrund der Anfangsbuchstaben *s.f.a.* als Euphemismus für *sweet fuck all* aufge-

fasst. In der britischen Marine ist ein *fanny* bis heute ein Behältnis, sei es für Tee oder für Rum. Im AE ist ein *fanny bag* eine Gürteltasche (BE: *bum bag*).

## FART

Das Substantiv *fart* bedeutet ›Furz‹ oder bezeichnet – immer in Begleitung eines Adjektivs – einen in der Regel älteren und als lästig oder dumm empfundenen Menschen: *a silly old fart*, *a boring old fart*.

Als Verb bedeutet *to fart* ›furzen‹. *Who farted?* ›Wer hat gefurzt?‹ Möglich ist auch der transitive Gebrauch von *to fart* (vgl. unten).

Das Adjektiv *farty* ›übelriechend‹ kommt auch in der Zusammensetzung *arty-farty* (*artsy-fartsy*) mit der Bedeutung ›prätentiös, gekünstelt‹ vor: *an arty-farty film*, *an arty-farty type*.

*Wendungen*

*fart* steht oft in Verbindung mit dem Ineffektiven, Nutzlosen, Insubstantiellen: *to fart around/about* (auch: *to pissfart around*) ›herumalbern, Zeit verschwenden‹; *to fart along* ›etwas ohne Überzeugung und sehr langsam tun‹. Die Invektiven *fartface* bzw. *fart breath* bezeichnen einen lästigen oder unangenehmen Menschen. Ein *fart-arse* ist ein als überflüssig empfundener Mensch, ein Trottel. *as funny/popular as a fart in an elevator* ›gar nicht lustig / höchst unbeliebt‹; *sparrow's fart* (wörtl. ›Spatzenfurz‹) ›sehr früh am Morgen‹; *as pissed as a fart* ›stockbetrunken‹; *fartsack* ›Schlafsack‹; *to crack a fart* (AE) ›furzen‹.

Der transitive Gebrauch des Verbs ermöglicht weitere Bedeutungsnuancen: *to fart sparks* (wörtl. ›Funken furzen‹) ›erbost sein‹; *to fart frankincense* (wörtl. ›Weihrauch furzen‹) ›in jeder Hinsicht unantastbar sein‹.

Der *farter* ist entweder jemand, der furzt, oder der Anus.


*Anmerkungen*

*fart* ist mit dem deutschen *furzen* etymologisch verwandt, denn beide gehen auf das altnordische *freta* zurück. Um 1260 taucht *fart* zum ersten Mal in einem schriftlichen Zeugnis auf: Im Gedicht »Sumer is icumen in« wird unter anderem der furzende Hirsch als vor Lebenskraft strotzender Vorbote des Sommers besungen (»bucke uerteth«). Im 18. Jahrhundert scheint das Wort Konjunktur gehabt zu haben: 1722 erscheint ein dem Iren Jonathan Swift zugeschriebenes satirisches Werk, *The Benefit of Farting*, in dem besonders Frauen empfohlen wird, um der Gesundheit willen ihren Blähungen freien Lauf zu lassen. Grose nennt Ende des 18. Jahrhunderts einige nun in Vergessenheit geratene Wendungen: *fartleberries* ›Klabusterbeeren‹ (am After klebende, getrocknete Klümpchen Kot) (*berry:* Beere) und *fart catcher* ›Diener, der seinem Herren bzw. seiner Herrin folgt‹ (*to catch:* fangen).

Besonders anstößig ist das Wort nicht, wird aber in guter Gesellschaft gemieden. Man benutzt entweder die korrektere Variante *to pass/break wind* (vgl. dt. *einen Wind streichen lassen*) oder spricht von *flatulence* (Blähungen). Eine Entsprechung der deutschen Wendung ›einen fahren lassen‹ ist *to let one go* oder einfach *to let off*.

## FRIG

Die ursprüngliche Bedeutung des Verbs *to frig* war ›hin- und herbewegen, reiben‹, daher: ›masturbieren‹. *to frig* kommt häufig in Verbindung mit *off* vor und bedeutet ›sich selber oder einen Liebhaber befriedigen‹.

*Wendungen*

Wendungen wie *frigged out* ›durch übermäßige Selbstbefriedigung nicht mehr in der Lage zu ejakulieren‹, daher: ›erschöpft‹, sind zwar noch bekannt, aber bei *to frig* handelt es sich meist um eine Ersatzform für *to fuck*; im Vergleich zu *fucking hell* ist *frigging hell* etwas akzeptabler. *Where the frigging hell is he?* ›Wo zum Teufel ist er?‹ *I couldn't give a frig.* ›Ist mir doch völlig egal.‹ *Go frig yourself, frig off, frig you* usw. Wo *fuck* ›Geschlechtsverkehr‹ bedeutet, ist die Ersatzform selten.

*Anmerkungen*

Grose definierte *frig* Ende des 18. Jahrhunderts als »self-pollution«, und diese Bedeutung dominierte bis ins 20. Jahrhundert hinein. *to frig* wurde in der Folge gleichbedeutend mit *to fuck* oder bezeichnete sexuelle Handlungen allgemein, eine Tendenz, die in pornographischen Texten des 19. Jahrhunderts begonnen hatte. Heute wird *to frig* fast ausschließlich als Ersatzform für *to fuck* verwendet; dabei ist die Schreibweise *frick* bzw. *fricking* auch möglich. Berühmt geworden ist der Refrain des *Sex Pistols*-Titels »Friggin in the Riggin«, der sich der älteren Bedeutung ›masturbieren‹ bedient: »Friggin' in the riggin' / There was fuck all else to do.«

## FUCK

Als Substantiv bezeichnet *fuck*:
– den Geschlechtsakt (›Fick‹): *a quick fuck* ›ein schneller Fick‹;
– eine Person, gewöhnlicherweise weiblichen Geschlechts, die für den Vollzug des Geschlechtsaktes als besonders geeignet gilt: *Her sister would be a good fuck.* ›Ihre Schwester wäre ein guter Fick.‹;
– eine Person allgemein (fast immer abwertend): *Who's that fuck?* ›Wer ist dieser Typ?‹;
– Samen, Sperma (vor allem in pornographischen

Texten, besonders des 19. Jahrhunderts; vgl. aber
*bullfuck*, eine im Militär entstandene Bezeichnung
für eine eingedickte Soße.)

Das Verb *to fuck* bedeutet ›Geschlechtsverkehr ausüben, ficken‹. *Did you fuck her?* ›Hast du sie gefickt?‹
Neben dieser Grundbedeutung gibt es ein sehr breites
Bedeutungsspektrum. Vgl. hierzu die unten genannten Wendungen, mit denen Aggression, Verärgerung
oder Verwunderung ausgedrückt werden.

Das Partizipialadjektiv *fucked* wird eingesetzt, um die
Wirkung einer bereits stattgefundenen Aktion zu be-
schreiben. *fucked* dient dabei als Ersatzform für andere Partizipialadjektive, wie etwa *exhausted* ›erschöpft‹,
*broken* ›kaputt‹, *tired* ›müde‹: *I'm fucked.* ›Ich bin erschöpft.‹ *The television is fucked.* ›Der Fernseher ist
kaputt.‹ *Now we're really fucked.* ›Jetzt sind wir wirklich am Arsch.‹ Der attributive Gebrauch von *fucked*
(*the fucked television*) ist unüblich. *fucked off* ist
gleichbedeutend mit *pissed off*: ›verärgert‹.

Das Partizip *fucking* wird zur Intensivierung eingesetzt. Es kann als Adverb fungieren. Auf *fucking* folgt
dann ein Adjektiv: *It was fucking great!* ›Es war echt
super/affengeil!‹ Im Gegensatz zu Adverbien wie
*fairly*, *rather*, *quite* ›ziemlich‹ und *hardly* ›kaum‹, die
gewöhnlicherweise nur mit positiven Ausdrücken gebraucht werden, kann *fucking* mit jedem beliebigen
Adjektiv kombiniert werden: *fucking nice weather*
›verdammt schönes Wetter‹; *fucking good lasagne*
›verdammt gute Lasagne‹; *fucking awful wine* ›ver-

dammt schlechter Wein‹. *fucking ugly* wird in der Jugendsprache gern zu *fugly* abgekürzt. – Auch wo *fucking* vor Substantiven steht, dient es der Intensivierung von Aussagen: *a fucking idiot* bedeutet, dass der Betreffende als außerordentlich dumm betrachtet wird. Die Stellung von *fucking* ist variabel: zwischen Artikel und Substantiv: *the fucking idiot*; adverbial zwischen Artikel und Adjektiv: *a fucking stupid idiot*; als Adjektiv: *a stupid fucking idiot*. In Ausnahmefällen (besonders in der gesprochenen Sprache) kann *fucking* auch vor Pronomen, Präpositionen und sogar Artikeln stehen.

*Wendungen*

SUBSTANTIVISCH: Als Invektive tritt *fuck* fast immer in Begleitung eines Adjektivs auf: *You stupid fuck!* ›Du blödes Arschloch!‹ *a dumb fuck* ›ein Vollidiot, ein dummer Mensch‹ (auch als Adjektiv: *a dumbfuck thing to do*); *a lazy fuck* ›ein fauler Sack‹. Die Zusammensetzungen *fuckwit/fuckbrain* bezeichnen einen besonders dummen oder lästigen Menschen. *fuckface* ›Arschgesicht‹; *fuckfaced* ›hässlich; betrunken‹. *fuckstick* ›verächtlicher Typ; Penis‹; *fuckboy* bzw. *fuck-buddy* ›junger Liebhaber eines homosexuellen Mannes‹ (vgl. → *pussy boy*). Die Wendungen *Who gives a fuck?* und *I couldn't give a fuck* bringen eine sehr ausgeprägte Gleichgültigkeit zum Ausdruck. Um nach *I couldn't give a fuck* ein Substantiv bzw. Pronomen anzuschließen, wird die Präposition *about* benutzt: *I couldn't give a fuck about your stamp col-*

*lection.* ›Ich scheiß auf deine Briefmarkensammlung.‹
Ebenfalls möglich ist ein mit *if/whether* eingeleiteter
Nebensatz: *I couldn't give a fuck if he comes to the
party.* ›Es ist mir scheißegal, ob er zur Party kommt.‹
*... the fuck* wird nach Fragewörtern eingesetzt: *What
the fuck are you doing?* ›Was zum Teufel machst du?‹
*How the fuck did you manage that?* ›Wie um Gottes
willen hast du das geschafft?‹ *Who the fuck is that?*
›Wer zum Teufel ist das denn?‹ In der Wendung *fuck
knows!* ›keine Ahnung!‹ bzw. ›niemand weiß es!‹ fungiert *fuck* scheinbar als Subjekt; es handelt sich dabei
jedoch vermutlich um eine Kurzform von *Who the
fuck knows?* Vor einem Fragewort steht *fuck knows*
in Sätzen wie: *I haven't seen her since fuck knows
when.* ›Ich hab keine Ahnung, wie lange es her ist,
dass ich sie gesehen habe.‹

*for fuck's sake* und *holy fuck* sind allgemeine Aus-
rufe. *mind-fuck* bezeichnet eine intensive sexuelle
Fantasie, psychologische Manipulation bzw. einen Be-
trug oder gelegentlich auch eine überwältigende geis-
tige oder ästhetische Erfahrung (auch unter Drogeneinfluss) und lässt sich so entweder mit ›Hirnfickerei‹
oder – positiv gewendet – ›Hirnorgasmus‹ wiedergeben. *for the fuck of it* ›um der Sache selbst willen‹; *like
fuck* ›sehr‹: *It hurt like fuck.* ›Es tat höllisch weh.‹

*Go take a flying fuck!* ›Scher dich zum Teufel!‹ Bei
einem *Dutch fuck* wird eine Zigarette mit Hilfe einer
bereits brennenden Zigarette angezündet. Starrt jemand einen anderen Menschen lasziv an, spricht man
von einem *eyefuck.* *fingerfuck/fistfuck* bezeichnet den
Akt des Penetrierens mit dem Finger bzw. mit der
Faust (in älteren Texten kann *to fistfuck* ›masturbie-

ren‹ bedeuten; ein *fistfucker* ist dann ein ›[gewohn-
heitsmäßiger] Wichser‹). *fucktruck* bezeichnet ein
Auto, das im Hinterraum genug Platz für eine Matrat-
ze bietet (vgl. → *root ute*); *fuckhole* ›Vagina; After‹.

VERB: Sehr häufig sind scheinbare Imperativwendun-
gen mit *fuck*. In den seltensten Fällen stellen solche
Wendungen eine Aufforderung zum Geschlechtsverkehr dar. Sie fungieren vielmehr als Ausdruck der
großen Verwunderung: *fuck me!* (auch: *fuck me
dead!*), ausgeprägter Gleichgültigkeit: *fuck that!*
›zum Teufel damit, scheiß drauf‹ oder aber als ausgesprochen aggressiver Gestus dem Gesprächspartner
(*fuck you*) oder einem Dritten (*fuck him*) gegenüber.
Bis auf *us* können alle Personalpronomen und De-
monstrativpronomen auf *fuck* folgen (*fuck me, fuck
you, fuck him, fuck it, fuck her, fuck you, fuck them;
fuck that/these/those/them*). Es kann selbstverständlich ein beliebiges Substantiv folgen: *Fuck water-
colours!* ›Ich scheiß auf Aquarellfarben!‹ *Fuck those
fucking fuckers!* ›Zum Teufel mit diesen Arschlö-
chern!‹ Eigennamen werden nur sehr selten ange-
schlossen.

　*to fuck a duck* ›nichts tun‹; auch als Ausruf verwendet (im 18. Jahrhundert war der sog. *duck-fucker* derjenige, der sich an Bord eines Schiffes um das Geflü-
gel kümmerte). Die Wendungen *get fucked!* und *(go)
fuck yourself* bedeuten beide etwa ›scher dich zum
Teufel!‹ *go fuck your mother* vgl. → *motherfucker*.
*(sweet) fuck all* ›gar nichts‹: *What did you do this
morning? – Fuck all.* ›Was hast du heute Vormittag
gemacht?‹ – ›Rein gar nichts.‹

***fuck-me shoes/boots*** sind auffällige, erotisch wir-
kende Schuhe bzw. Stiefel (auch auf Deutsch hat sich
die Kurzform ›FM-Stiefel‹ durchgesetzt); ***Don't fuck
with me!*** ›Betrüg mich nicht / leg dich nicht mit mir
an!‹; mit ***fuck you money / fuck-off money*** ist eine
theoretische Geldsumme gemeint, die es einem er-
möglichen würde, seinem Arbeitgeber »fuck you«
bzw. »fuck off« zu sagen und sich aller Verpflichtun-
gen zu entledigen.

PARTIZIPIALWENDUNGEN: Die Wendung ***can't be fucked***
wird in Verbindung mit einem Gerundium verwendet:
***I can't be fucked going to school today.*** ›Ich hab heute keine Lust, in die Schule zu gehen.‹ ***(I'm) fucked if
I know.*** ›Ich hab absolut keine Ahnung.‹ ***fucked up***
›kaputt, zerstört‹; ***fucked up in the head*** ›geistesge-
stört, nicht normal‹. Der sehr beliebte Fluch ***fucking
hell*** (vgl. → *hell*) kann allein stehen oder innerhalb eines Satzes nach einem Fragewort gebraucht werden:
***What the fucking hell are you talking about?*** ›Wovon
zum Teufel redest du?‹ ***Where the fucking hell have
you been?*** ›Wo hast du gesteckt, verdammt nochmal?‹
***fucking oath*** (Austral.) ist nur als Ausruf möglich.
***fucking*** kann (besonders in Australien) zur Verstärkung von Fragewörtern benutzt werden, auch wenn
sie isoliert auftreten; ***fucking*** wird dabei dem Fragewort vorangestellt: ***Fucking what? Fucking who?
Fucking where?*** In der gesprochenen Sprache wird
dieses zu ***k'n*** abgekürzt: ***k'n what?*** In ähnlicher Weise
kann ***fucking hell*** zu ***kn'ell*** abgekürzt werden. ***fucking
A*** (AE) ›nichts‹: ***I don't know fucking A about trigo-
nometry***; ***fucking A*** kann auch Ausdruck der Zustim-

mung sein (Kurzform von *You can bet your fucking ass on it*).

Wie → *bloody* wird *fucking* gern in zweigliedrige Wendungen eingeschoben (sog. Tmesis): *Thanks a fucking lot!* (iron.) ›Vielen Dank!‹; *you fucking beauty* ist Ausdruck großer Freude; *no fucking way* ›auf gar keinen Fall‹; *too fucking right* (Austral.) ›aber sicher!‹; *Jesus fucking Christ* (auch abgekürzt zu JFC); *World fucking Champions*.[50]

*fucking* wird oft in ein mehrsilbiges Wort integriert (sog. *expletive infixation*): *abso-fucking-lutely* ›absolut‹; *my-fucking-self* ›mich bzw. mir‹; *guaran-fucking-tee*, *QE-fucking-2*, *Christ all-fucking-mighty* (*allmighty:* allmächtig). Das geschieht üblicherweise vor der betonten Silbe (Ausnahme: *un-fucking-believable*).

MIT PRÄPOSITIONEN: Neben der Grundbedeutung (im Deutschen am besten mit der Wendung ›Verpiss dich!‹ wiederzugeben) wird *fuck off!* auch im Sinne von ›ist nicht wahr!‹ bzw. ›wirklich?‹ benutzt: *My girlfriend has a motorbike. – Fuck off! Really?* ›Meine Freundin hat ein Motorrad.‹ – ›Leck mich! Wirklich?‹ *to fuck around* ›Zeit verschwenden, herumalbern‹; auch: ›viele Geschlechtspartner haben, promiskuös sein‹. Die Wendung *to fuck up* wird entweder intransitiv (›versagen‹) oder transitiv (›etwas vermasseln‹) gebraucht: *Scott reached the South Pole, but on the way back he really fucked up.* ›Scott hat den Südpol

---

50 So der öffentliche Ausruf des Baseball-Spielers Chase Utley im Jahr 2008.

erreicht, aber auf dem Rückweg hat er voll abgekackt.‹ *She fucked up the hollandaise sauce again.* ›Sie hat die Sauce hollandaise schon wieder vermasselt.‹ *to fuck up* lässt sich auch substantivisch einsetzen: *Scott's expedition was a fuck-up from the very beginning.* ›Scotts Unternehmen war von vornherein zum Scheitern verurteilt.‹ *to fuck s.o. over* (AE) ›jdn. betrügen, missbrauchen, reinlegen‹.

In Anlehnung an Wörter aus der Standardsprache ergeben sich viele zum Teil scherzhafte Ausdrücke, die besonders unter Studenten gedeihen: *fuckable* ›fickbar, d.h. zum Beischlaf geeignet‹; auch: ›ungebunden, ledig‹, daher die Substantivierung *fuckability* (vgl. auch *unfuckable* bzw. *unfuckability*); *fucksome* (in Anlehnung an *winsome, handsome* usw.) ›attraktiv, sexy‹; *fuckaholic* (in Anlehnung an *alcoholic*) ›jd., der sexsüchtig ist; Nymphomanin‹. Für »Orgie« gibt es gleich drei Wörter: *fuckathon* in Anlehnung an *marathon*; *fuckfest* in Anlehnung an *talk fest* (von dt. *Fest*); und *fuck-in* in Anlehnung an *sit-in, love-in*. Der *fuckee* ist derjenige, der beim Geschlechtsakt penetriert wird (vgl. standardsprachlich *employer/employee* ›Arbeitgeber/Arbeitnehmer‹). Eine *fuckerware party* (in Anlehnung an *Tupperware Party*) ist eine häusliche Veranstaltung, bei der Sexspielzeug verkauft wird. Das Adverb *fuckingly* wird eher scherzhaft benutzt (so bei Hemingway: »fuckingly complicated«). Bei *fuckery* handelt es sich um ein Bordell (in Anlehnung an *bakery*), um Geschlechtsverkehr allgemein oder um niederträchtiges Verhalten bzw. Verrat (in Anlehnung an *treachery, trickery*;

in diesem Sinne im Lied von Amy Winehouse »Me &
Mr. Jones«).

Es gibt eine Reihe von vornehmlich der Militärspra-
che entstammenden Akronymen, die *fuck* enthalten:
*snafu* (*situation normal all fucked up*); *tarfu* (*things
are really fucked up*); *bfd* (*big fucking deal*; etwa: ›na
und?‹); *fubar* (*fucked up beyond all recognition* ›bis
zur Unkenntlichkeit zerstört bzw. verletzt‹); *rtfm*
(*read the fucking manual* ›lies die verdammte Bedie-
nungsanleitung‹). Während des Vietnamkriegs war *fta*
(*fuck the army*) ein Schlagwort der Kriegsgegner. Im
sog. Netzjargon (gebräuchlich in Chats, Instant Mes-
sengers, Diskussionsforen usw.) sind unter anderem
die Abkürzungen *ffs* (*for fuck's sake*), *omfg* (*oh my
fucking god*), *mofo* (*motherfucker*), *gagf* (*go and get
fucked*) und *jfgi* (*just fucking google it*) und *wtf* (*what
the fuck*) üblich.

### Anmerkungen

Die Etymologie von *fuck* konnte trotz intensiver Be-
mühungen bislang nicht geklärt werden.[51] Eine weit
verbreitete volksetymologische Erklärung schlägt vor,
in *fuck* ein Akronym zu sehen. *fuck* bedeutet dem-
nach *fornication under consent of the king* (etwa: ›Un-
zucht mit Einwilligung des Königs‹) oder *found under*

---

51 Vgl. besonders den Briefwechsel des amerikanischen Sprach-
wissenschaftlers Allen Walker Read mit anderen Kollegen,
abgedruckt in: Read, *Milestones*, S. 277–300.

*carnal knowledge* (*carnal knowledge:* Geschlechtsverkehr). Das ist schon deswegen fragwürdig, weil Akronyme eine Erfindung des 20. Jahrhunderts sind. Eine etymologische Verwandtschaft mit dt. *ficken* scheint naheliegend, ist aber umstritten; linguistische Regeln scheinen auch gegen eine Beziehung zu ital. *fottere* bzw. frz. *foutre* zu sprechen. Möglicherweise geht *fuck* auf lat. *pugno* (vgl. lat. *sugo,* aus dem sich *suck* ergab) zurück oder stammt aus dem Niederländischen (*fokken*). Erschwert wird die Suche nach der etymologischen Herkunft des Wortes natürlich dadurch, dass es nur selten aufgeschrieben wurde und häufig Ersatzformen verwendet wurden.

Man kann davon ausgehen, dass *fuck* seinen Siegeszug im 15./16. Jahrhundert begonnen hat. Einen der frühesten schriftlichen Belege findet man in John Florios italienisch-englischem Wörterbuch *Worlde of Wordes* (1598), der unter *fottere* fünf Wörter nennt: »to iape, to sard, to fucke, to swive, to occupy«. *iape* (*jape*), *sard* und *swive* (der im Mittelenglischen geläufige Vulgärausdruck) sind völlig in Vergessenheit geraten, und *occupy* hat seine obszöne Nebenbedeutung bereits Mitte des 18. Jahrhunderts verloren. Im 1965 erschienenen *Penguin English Dictionary* ist *fuck* zum ersten Mal seit 170 Jahren wieder in einem Wörterbuch zu finden, allerdings mit der fehlerhaften Etymologie »Middle English *fucken*«: Ein solches Wort ist im ME nicht belegt; erst 1972 erscheint *fuck* in den Seiten des *Oxford English Dictionary.*[52]

---

52 Die Entscheidung, *fuck* aufzunehmen, war allerdings einige Jahrzehnte früher gefallen. Vgl. hierzu das Vorwort.

*fuck* ist allgegenwärtig und gleichzeitig tabuisiert. Eine Reihe von Theorien ist vorgeschlagen worden, um diesen besonderen Status zu erklären. Aus psychoanalytischer Sicht gründet das *fuck*-Verbot auf der generellen Tabuisierung des sexuellen Bereichs, auf den das Wort in seiner ursprünglichen Bedeutung verweist, auch wenn der Gebrauch in der Regel nicht mehr unmittelbar damit zusammenhängt. Bei der Beliebtheit und Widerstandsfähigkeit des Wortes gegen Zensur und Verbote spielt sicherlich auch der Klang eine Rolle. Die Möglichkeit einer explosiven Aussprache des Frikativs nach intensivem Druckaufbau verleiht *fuck* große Ausdruckskraft. Darauf folgen der primitive Vokal /ʌ/ bzw. /aː/ – er ist in der Länge durchaus variabel – und schließlich der plötzliche, stimmlose Abschluss durch /k/, der ja um weitere Silben *it*, *him*, *her*, *them* oder *-ing hell* ergänzt werden kann – Ergänzungen, die sowohl den Sprachrhythmus als auch den Inhalt wesentlich beeinflussen.

Neben der enormen Ausdruckskraft des Wortes ist die einzigartige Formenvielfalt hervorzuheben. Es gibt in der englischen Sprache kein anderes Wort, das sich so vielfältig einsetzen lässt: ***Fuck it! The fucking fucker's fucking fucked.***[53] ›Verdammt! Der verfickte

---

[53] Diese Äußerung eines wegen eines kaputten Lkw verärgerten Armee-Pioniers wurde vom englischen Schriftsteller Anthony Burgess überliefert (vgl. *London Review of Books*, 9. Februar 2006, S. 20). Sie geht vermutlich auf ein Zitat zurück, das in der Soldatenliedsammlung *Songs from Front & Rear* (hrsg. von Anthony Hopkins, Edmonton 1979) enthalten ist. Dort (S. 11) heißt es: »Suddenly his wrench slipped and he flung it on the grass and snarled, ›Fuck! The fucking fucker's fucked.‹«

Scheißdreck ist verdammt nochmal im Arsch!‹ Eine
wortwörtliche deutsche Übersetzung dieses Satzes ist
nicht möglich.

Nicht zu unterschätzen ist die Rolle der im 20. Jahrhundert so katastrophalen globalen Kriegshandlun-
gen bei der Popularisierung von *fuck*.[54] Die Geschichte eines Stabsoffiziers, der in die Kirche geht, ohne
den Hut abzusetzen, und von seinem Vorgesetzten
mit den Worten angebrüllt wird: »Take your fucking
hat off in the house of God, cunt!«[55] (dt. etwa: ›Setz
den Scheißhut ab im Haus Gottes, Arschloch‹) dürfte
typisch sein. Aus den besonderen Bedingungen des
Soldatendaseins ergab sich das, was der amerikani-

---

Ähnliche Sätze werden immer wieder zitiert: »The fucking
fucker's fucking well fucked« (Eric Partridge, *A Dictionary of
Slang and Unconventional English*, hrsg. von Paul Beale, London 2002, S. 433); »the fucking fucker's fucked« (Ian Stuart-
Hamilton, *An Asperger Dictionary of Everyday Expressions*,
London 2007, S. 94); am ausführlichsten schließlich (und zugleich am unnatürlichsten): »Some fucking fucker's fucked the
fucking fucker up« (Matthew Clifford Grayshon, *Towards a
Social Grammar of Language*, Den Haag 1977, S. 123, Anm.
29). Dass ein solcher Satz zum ersten Mal im militärischen
Kontext geäußert wurde, um erst dann Gegenstand linguisti-
scher Aufmerksamkeit zu werden, darf als sicher gelten.

54 Das gilt auch für andere Obszönitäten: Viele im OED ange-
führte Belege sind den Seiten des pseudo-autobiographischen
Romans *A Soldier Erect* (London 1971) von Brian Aldiss ent-
nommen, in dem von sexueller Frustration des Soldatendaseins, von Bordellbesuchen und obsessiver, übermäßiger
Selbstbefriedigung berichtet wird.

55 Paul Fussel, *Wartime. Understanding and Behaviour in the Second World War*, Oxford 1989, S. 94.

sche Schriftsteller Tom Wolfe »Army Creole«[56] nannte: eine Sprache, die sich vor allem durch den großzügigen Gebrauch von *fuck*, *fucking* und *fucker* auszeichnet. Dies hängt zum einen mit dem engen Zusammenleben der Soldaten zusammen, das Neuschöpfungen und Wortspiele begünstigte, und zum anderen mit den extremen Erfahrungen des Kriegsgeschehens, angesichts dessen ein sprachlicher Tabubruch nicht auffällt, ja sogar zum Normalfall wird: Im Ernstfall befiehlt der Stabsoffizier nicht das alltägliche »get your fucking rifles« (*rifle:* Waffe), sondern »get your rifles«, denn erst durch Unterlassung von *fucking* erhält der Befehl seine unmittelbare Dringlichkeit.[57] Die Beobachtung, amerikanische Soldaten hätten *fucking* eher im sexuellen bzw. sexualisierten Sinn gebraucht, während die Briten *fucking* zur Verstärkung willkürlich und sehr großzügig einsetzen, mag um die Mitte des vergangenen Jahrhunderts gültig gewesen sein; heute ist ein solcher Unterschied nicht mehr festzustellen.

Der intensive Gebrauch von *fuck* durch Soldaten hatte bereits im Ersten Weltkrieg begonnen, und ein halbes Jahrhundert später, im Vietnamkrieg, hat man *fuck* nur noch angedeutet. Im Sinne der militärischen Vorliebe für Abkürzungen und Akronyme gediehen so Wendungen wie *buff* (*big ugly fat fucker*), eine von offizieller Seite verbotene, aber unter Piloten beliebte Bezeichnung für die schweren B-52-Bomber. Die

---

56  Tom Wolfe, *The Right Stuff*, New York 1979, S. 143.
57  Vgl. John Brophy / Eric Partridge (Hrsg.), *Songs and Slang of the British Soldier 1914–1918*, London 1931, S. 17.

technologischen Entwicklungen der letzten Jahrzehnte mit ihren Folgen für das heutige kommunikative Verhalten haben diese Praxis wieder aufleben lassen, besonders unter Jugendlichen: *wtf* ist schneller getippt als *what the fuck* und hat auch noch den Vorteil, dass das *f*-Wort nicht explizit genannt wird.

Die Verwendung von *fuck* in literarischen Werken, wie James Joyces *Ulysses* (1922) oder D. H. Lawrences *Lady Chatterley's Lover* (1928), sorgte für Furore und Druckverbote. In *Ulysses* springt der Gebrauch in einem Fall allerdings nicht sofort ins Auge: In der Gedichtzeile »If you see Kay / Tell him he may«[58] werden die Anfangsbuchstaben *f-u-c-k* angedeutet (vgl. zur darauf folgenden Zeile → *cunt*). Der Titel »If you see Kay« der kanadischen Band *April Wine* geht auf diese Stelle bei Joyce zurück. Der misslungene Versuch Britney Spears', im Song »If you seek Amy« ein ähnliches Wortspiel zu machen, sorgte für Proteste in den USA, da die Aussage *f-u-c-k me* allzu deutlich und im Übrigen witzlos ist. In den 1950er Jahren konnte Anthony Burgess noch in witziger Weise auf *fuck* anspielen. In *Time for a Tiger* (1956) kommt eine streunende Hündin names »Cough« (/kɔ:f/) vor. Laut einer der Romanfiguren erklärt sich der Name der Hündin daraus, dass der Vorbesitzer sie wohl immer verscheucht habe – mit den Worten *(fuc)k off*, wie sich der Leser zusammenreimen kann. Die Zeiten, in denen sich Schriftsteller solche kreativen Anspielungen auf das *F-word* einfallen ließen, sind wohl endgültig vorbei. *fuck* hat seine Schockwirkung eingebüßt und gehört

58 J. Joyce, *Ulysses*, hrsg. von H. W. Gabler, S. 405 (Kapitel 15).

in vielen belletristischen Werken zu einer authentischen Wiedergabe von Alltagssprache, und das Lesepublikum ist zudem durch den zum Teil inflationären Gebrauch in Kinofilmen und gelegentlich auch im Fernsehen abgehärtet worden. In poetischen Texten entfaltet das Wort eine besondere Wirkung. Der englische Dichter Philip Larkin (1922–1985) benutzte die Wendung *to fuck up* in seinem Gedicht »This be the Verse« (1971):

> »They fuck you up, your mum and dad,
> They may not mean to but they do
> They fill you with the faults they had
> And add some extra just for you.«

»Sie vermasseln dich, deine Eltern, / Sie wollen es vielleicht nicht, tun es aber doch. / Mit ihren eigenen Fehlern füllen sie dich / Und fügen einige hinzu, nur für dich.« Hier überrascht das Urteil über das Versagen der Eltern, weil die drastische Wendung *to fuck up* im Widerspruch zum schlichten Metrum und liedhaften Reimschema steht.

Es gibt zahlreiche Ersatzformen für das *F-word*. Nach dem einmal begonnenen *f*-Laut kann man auf ein beliebiges anderes Wort (z. B. *fruit*, *fork*) bzw. andere Ausdrücke (*far-out*) ausweichen, so dass die Anzahl der Ersatzformen prinzipiell unbegrenzt ist. Im Druck sind zur Umgehung der Zensur Andeutungen wie *f...*, *f——*, \*\*\*\*, *xxxx* usw. üblich. *effing* bzw. *eff off* spielen auf die im Druck üblichen Ersatzformen *f——ing* bzw. *f.ing* an. Gelegentlich werden erfundene, nicht dem

populären Gebrauch entstammende Ersatzformen
verwendet: *fug* bzw. *fugging* wurde in Norman Mai-
lers Kriegsroman *The Naked and the Dead* (1948) als
Notlösung eingesetzt; in seinem Roman *For Whom
the Bell Tolls* (1940) benutzt Ernest Hemingway
*muck*: »Muck my grandfather and muck this whole
treacherous muck-faced mucking country.« *feck* (bes.
Irland) und *ferk* sind durch ihre Nähe zu *fuck* nur sehr
bedingt als Ersatzformen zu betrachten.

Bei *frigging* bzw. *frig* handelt es sich um ein ursprünglich obszönes Wort (vgl. →*frig*), das durch den
weit verbreiteten Gebrauch zur scheinbar harmlosen
Ersatzform geworden ist.

## HELL

*hell* ist gleichbedeutend mit dem deutschen Wort
»Hölle« und ist etymologisch verwandt mit diesem.
Während man im Deutschen eine Verstärkung durch
Zusammensetzungen erreicht (*Höllenangst, Höllenqualen*), verwendet man im Englischen *a hell of a*: *a
hell of a racket* ›Höllenlärm‹. Je nach Zusammenhang kann die Wendung positiv konnotiert sein: *a hell
of a trip* ›eine großartige‹ oder aber ›eine sehr be-
schwerliche Reise‹: *a hell of a place* ›ein toller Ort /
ein schrecklicher Ort‹; *a hell of a day* ›ein großartiger
Tag / ein Scheißtag‹. *a hell of a guy* ist jedoch immer
positiv konnotiert: ›ein toller Typ‹.

Am häufigsten kommt *hell* in Verbindung mit *the* vor. In den meisten Fällen kann *the hell* durch *the fuck* ersetzt werden; *the hell* ist die ältere und mildere Form. Es kann – wie *the fuck* – mit allen Fragewörtern kombiniert werden: *what the hell*, *who the hell*, *where the hell*, *how the hell*, *when the hell*, *whatever the hell*, *wherever the hell* usw.

*Wendungen*

*What the hell!* ›Was soll's!‹; *What the hell?* ›Was zum Teufel?‹; *What the hell is going on?* ›Was zum Teufel ist los?‹ Die Wendung *the hell ...* bzw. *like hell ...* bringt eine entschiedene Verneinung bzw. deutlichen Widerspruch zum vorher Gesagten zum Ausdruck: *You can do the dishes. – Like hell I will!* ›Du kannst abspülen.‹ – ›Den Teufel werd ich tun!‹

*Go to hell!* ›Scher dich zum Teufel! Fahr zur Hölle!‹; *To hell with it!* etwa: ›Scheiß drauf!‹; *To hell with the rules!* ›Ich scheiß auf die Regeln!‹; *for the hell of it* ›einfach zum Spaß, um der Sache selbst willen‹; *hell no!* ›keineswegs!‹; *sure as hell!* ›aber sicher!‹; *not a hope/chance in hell* ›gar keine Hoffnung/Chance‹; *hell-bent* ›fest entschlossen, um jeden Preis‹; *hell for leather* ›sehr schnell‹; *hell's bells!* ist ein allgemeiner Ausruf. *to scare the hell out of s.o.* ›jdn. erschrecken‹; *to give s.o. hell (about s.th.)* ›jdm. die Hölle heiß machen‹: *She gave me hell about last night.* ›Sie hat mir wegen gestern Abend die Hölle heiß gemacht.‹

*Anmerkungen*

Die Vorstellung einer Unterwelt als Wohnort der Toten und – nach christlicher Auffassung – der Ver-
dammten, die ewige Höllenqualen erleiden müssen,
machte *hell* schon sehr früh zu einem vielseitigen
Fluch. Im übertragenen Sinne kann jeder Ort, wo üble
Zustände herrschen, als *hell* bezeichnet werden (*hell
on earth*), so auch inflationär in der Heavy-Metal-Sze-
ne für Song- und Albumtitel usw. Obwohl *hell* im Alltag häufig benutzt wird, um Verärgerung oder Überraschung zum Ausdruck zu bringen, bleibt es in guter
Gesellschaft inakzeptabel; hierauf weist die Mitte des
19. Jahrhunderts populär gewordene und noch heute
gebräuchliche Ersatzform *heck* hin.

Wie das deutsche Wort »Hölle« kommt *hell* in zahlreichen Redewendungen vor: *till hell freezes over* er-
langte Berühmtheit während der Kubakrise im Jahr
1962, als der UN-Botschafter der USA vor dem ver-
sammelten Sicherheitsrat sagte, er sei bereit, auf eine
Antwort des russischen Botschafters zu warten »until
hell freezes over«.

## HUMP

*hump* entspricht den deutschen Ausdrücken »bumsen«, »vögeln«. *humping* bedeutet ›Geschlechtsverkehr‹.

*Anmerkungen*

*hump* ist möglicherweise auf die Rückenform des Mannes beim Geschlechtsverkehr in der Missionarsstellung zurückzuführen (*hump:* Höcker); der Ausdruck vergegenwärtigt aber auch eine große körperliche Anstrengung (*to hump:* hieven, stemmen). Das Wort ist seit dem 18. Jahrhundert gebräuchlich und erfreute sich über die Jahrhunderte sowohl in England als auch in den USA großer Beliebtheit. In der reduplikativen Wendung *hump 'em and dump 'em* (*'em:* them; gemeint sind die Frauen) kommt die Ansicht zum Ausdruck, ›erst verführen, dann verlassen‹ sei der empfehlenswerteste Umgang mit Frauen.

## JISM

auch: *gism, gissum, chism, jizz* usw.

*jism* ist eine Bezeichnung für das Ejakulat. Mitte des 19. Jahrhunderts bedeutete *jism* ›Energie, Elan, Geist‹ (daher *jizzless* ›ohne Elan, apathisch‹). Im späten 19. Jahrhundert kommt die Bedeutung ›Ejakulat, Samenflüssigkeit‹ auf und wird 1899 unter **chism** bzw. **chissum** in ein amerikanisches Dialektwörterbuch aufgenommen. Auch *jazz* geht möglicherweise auf **jism** ›Energie, Geist‹ zurück. In Texten des 20. Jahrhunderts kommt **jism** in beiden Bedeutungen vor. ***Put a little jism into it*** bedeutet etwa ›mit Schmackes‹. Bei John Updike (***jizz***) und Philip Roth (***gissum***) kommt das Wort in der sexuellen Bedeutung vor.

## MOTHERFUCKER

Wortwörtlich handelt es sich bei einem ***motherfucker*** um jemanden, der seine Mutter fickt, und daher um einen abstoßenden, verabscheuenswerten Menschen: ›Arschloch‹. Auch ein Gegenstand, der durch seine Größe auffällt oder Schwierigkeiten bereitet, kann als ***motherfucker*** bezeichnet werden: ***one big motherfucker*** ›ein Riesenteil‹; ***This fucking remote control is a real motherfucker.*** etwa: ›Diese verdammte Fernbedienung ist ein echtes Scheißteil!‹ Das Wort wird auch statt ***thing*** eingesetzt und drückt hier in der Regel weder Verachtung noch Verärgerung aus: ***Where's the off button on this motherfucker (thing)?*** ›Wo ist der Aus-Knopf auf diesem Ding da?‹

Positiv konnotiert wird ***motherfucker*** vor allem im afroamerikanischen Englisch verwendet: ***the ultimate cool motherfucker***. Vergleichbar mit dem Gebrauch von ***bastard*** und ***bugger*** wird ***motherfucker*** dort auch als Gruß unter Freunden eingesetzt: *Hey, motherfucker!*

Ohne Bezug auf einen Menschen bzw. einen Gegenstand fungiert *motherfucker* auch als allgemeiner Ausruf: *Motherfucker! Motherfuck! What the motherfuck!*

Zur Verstärkung wird *motherfucking* in ähnlicher Weise wie → *fucking* eingesetzt.

*Anmerkungen*

Zusammen mit *cocksucker* gilt *motherfucker* als das US-amerikanische Schimpfwort schlechthin. Der erste schriftliche Beleg stammt aus dem Jahr 1918. Die Verbreitung von *motherfucker* wurde vermutlich durch den Zweiten Weltkrieg sowie den Vietnamkrieg begünstigt, obwohl diese Entwicklung im Einzelnen schwer nachzuweisen ist. *motherfucker* galt lange Zeit – irrtümlich – als Invektive, die ausschließlich von Schwarzen gegen Weiße gerichtet wird. Die Aussage eines Dreizeilers des englischen Dichters W.H. Auden verdankt sich diesem Missverständnis: »Even Hate should be precise: / Very few White Folks / Have fucked their mothers.« (›Auch der Hass sollte genau sein: / Es gibt kaum Weiße, / Die ihre Mutter gefickt haben.‹) Es ist der ängstliche Blick eines Außenseiters auf eine andere soziolinguistische Gruppe, der hier zum Tragen kommt. Tatsächlich wird *motherfucker* als Grußformel, als Lob (meist in Verbindung mit einem Adjektiv wie *bad*, *cool* usw.) und als Invektive verwendet. In den 1960er Jahren galt *mother-*

*fucker* noch als Wort der Afroamerikaner. In Volks-
balladen und Erzählungen der Schwarzamerikaner
aus Philadelphia ist *motherfucker* bzw. *motherfucking*
allgegenwärtig.[59] Inzwischen ist es im gesamten englischsprachigen Raum verbreitet.[60]

*motherfucker* spielt an auf das in allen Kulturen
vorhandene Inzesttabu, so dass die Ehre des Beleidig-
ten auf dem Spiel steht. Die Aufforderung, mit der eigenen Mutter (oder auch mit der eigenen Schwester)
zu verkehren, ist eine in vielen europäischen Sprachen vorkommende Beleidigung und ist auch bei den
australischen Aborigines der Cape-York-Halbinsel
beobachtet worden,[61] so dass Spekulation über ihre
ursprüngliche Herkunft müßig ist. Der Siegeszug von
*motherfucker* ist jedoch nicht nur dem ödipalen Tabubruch zuzuschreiben: Ganz abgesehen von der Brisanz des Vorwurfs, der ja in den allermeisten Fällen
ohnehin gar nicht gemeint ist, wartet *motherfucker*
mit vier gleichen Vokalen auf, besonders in der häufigsten Aussprache /ˈmʌðʌˌfʌkʌ/, die dem Wort eine
besondere Wirksamkeit und rhythmische Kraft verlei-
hen. Beschimpfungen wie *mother-fucking son of a
bitch* (zum ersten Mal in einem literarischen Text
wohl 1969 in Philip Roths *Portnoy's Complaint*) errei-

59 Vgl. Roger D. Abrahams, *Deep Down in the Jungle. Black
American Folklore from the Streets of Philadelphia*, New
Brunswick 1964.
60 Ashley Montagu hatte dies bereits 1967 vorausgesagt: »It may
be predicted that this Negro invention will spread quite rapid-
ly to a great part of the English-speaking world.« A.M., *The
Anatomy of Swearing*, London 1967, S. 314.
61 Vgl. Montagu, *Anatomy*, S. 17.

chen den Gipfel dessen, was im heutigen Englisch an sprachlicher Aggression möglich ist (von rassistischen Beleidigungen einmal abgesehen). Die allgemeine Enttabuisierung obszöner Ausdrücke besonders in der Popkultur hat dazu geführt, dass *motherfucker* relativ oft auch in den Medien zu hören ist: Im Jahr 1988 sorgte der Song »Fuck Tha Police« der Hip-Hop-Gruppe N.W.A., in dem *motherfucker* mehrmals vorkommt, für öffentliche Aufregung: Am Ende fällt ein schwarzer Richter ein Urteil über einen weißen Polizisten: »The jury has found you guilty of being a redneck, white-bread chicken-shit motherfucker« (zu *chickenshit* vgl. → *shit*); einige Jahre später schockierte auch der Prince-Song »Sexy M[other]F[ucker]« (1992), dessen Refrain *you sexy motherfucker* lautet. Trotz des inflationären Gebrauchs ist *motherfucker* immer noch eine der übelsten Beleidigungen in englischer Sprache. Es gibt dementsprechend für kaum ein anderes Wort so zahlreiche Ersatzformen, von denen im Folgenden nur einige genannt werden: *m.f.*, *em-eff*, *mo dicker* (vgl. → *dick*), *mo fo*, *motherfouler*, *mothergrabber*, *motherhumper*, *motherjumper*, *motherlover* oder einfach *mother*. Ersatzformen mit *mammy-* (*mammy: mother*) sind ebenfalls häufig. Die scherzhafte Ersatzform *futhermucker* ergibt sich aus der Vertauschung der Anfangsbuchstaben (sog. *spoonerism*).

## MUFF

*muff* ist eine Bezeichnung für die weibliche Scham
(vgl. dt. *Muff*). *muff-diving* (*to dive:* tauchen) bedeutet ›Cunnilingus‹; jemand, der Cunnilingus ausführt,
besonders eine lesbische Frau, wird *muff-diver/
-muncher* genannt.

*Anmerkungen*

Im Englischen wie im Deutschen ist ein *muff* ein
Handwärmer aus Pelz, wie sie besonders im 16.–18.
Jahrhundert modisch waren. Auch Ohrwärmer werden so bezeichnet: *earmuffs*. Der erste schriftliche Beleg mit der Bedeutung ›weibliche Scham‹ stammt aus
dem Jahr 1699. Ein *muff* ist auch ein Tor, ein liebens-
werter, einfältiger Mensch, womöglich, da er, wie der
Handwärmer, weich ist (im Kopf nämlich). Daraus ergab sich das noch gebräuchliche Verb *to muff (it)* ›etwas vermasseln‹.

## NUTS

Neben → *balls* und → *bollocks* ist *nuts* (›Nüsse‹) die
dritte weit verbreitete obszön-scherzhafte Bezeichnung für die nussförmigen Testikel.

*Wendungen*

***to pop one's nuts*** ›ejakulieren‹; ***to bust one's nuts*** ›sich
große Mühe geben‹; ***to have s.o. by the nuts*** (vgl.
→ ***balls***) ›jdn. völlig in seiner Macht haben‹. Die Wendung ***mutt's nuts*** (*mutt:* Hund) ist eine Variante des
Ausdrucks ***dog's bollocks***, der vermutlich zuerst entstanden ist. Das Partizipialadjektiv ***nutsucking*** (in
Anlehnung an ***cocksucking***; wie dieses immer attribu-
tiv) bedeutet ›abscheulich, abstoßend‹.


*Anmerkungen*

Zunächst im 19. Jahrhundert in Amerika entstanden,
ist ***nuts*** jetzt in allen englischsprachigen Gebieten verbreitet. Besonders im Afroamerikanischen hat ***to bust
one's nuts*** die Bedeutung ›ejakulieren‹.[62] ***nuts*** hat einige andere umgangssprachliche Bedeutungen, die
nichts mit den Testikeln zu tun haben: ***to be nuts
about s.th.*** heißt ›sich für etwas begeistern‹; ***she can't
cook for nuts*** ›sie kann überhaupt nicht kochen‹. ***nuts***
kann auch ›verrückt‹ bedeuten: ***he's nuts*** ›er ist verrückt‹. ***to go nuts*** ›durchdrehen, unkontrolliert handeln‹. Durch Vertauschung der Anfangsbuchstaben
ergibt sich statt ***to go fucking nuts*** ›total durchdrehen‹
die scherzhafte Ersatzform ***to go nucking futs***.


62  Vgl. die Belege in Abrahams, *Deep Down in the Jungle.*

## PISS

Als Substantiv bezeichnet *piss* ›Urin‹ oder den Akt des Urinierens: *to have a piss* ›urinieren‹; das Verb *to piss* bedeutet ›urinieren, pissen‹.

Das Adjektiv *pissy* bedeutet ›nach Urin riechend; wertlos‹.

*Wendungen*

Je nach Zusammenhang bedeutet *to piss off* einfach ›sich davonmachen‹ (vgl. dt. *sich verpissen*): *He pissed off at 10 o'clock.* ›Er ist um 10 Uhr gegangen.‹ *He was pissed off (about sth.)* bedeutet wiederum: ›Er war stinkesauer (wegen etwas).‹ Das geht auch mit Subjekt: *It really pisses her off when I leave the toilet lid up.* ›Es macht sie richtig wütend, wenn ich den Klodeckel nicht wieder zumache.‹ *he was really pissed* bedeutet ›er war stockbetrunken‹ (BE, Austral.) oder ›er war sehr verägert‹ (AE); *piss-ass / pissy-arsed* ›stockbetrunken‹. Ein *piss-up* ist ein Trinkgelage bzw. eine wilde Party; *piss all* ›nichts‹; *pissfart* ›unbedeutender Mensch‹; *pisshole* ›Vagina; Urethra; Pissoir‹, im übertragenen Sinne: ›ein unangenehmer Ort; ein durch Urinstrahl entstandenes Loch in der Schneedecke‹ usw.; *to piss more than you drink* ›ohne Grund stolz sein‹; *to piss down* ›schiffen, in Strömen regnen‹: *It was pissing down.* ›Es regnete in Strömen. / Es schiffte.‹ *to take the piss* ›sich lustig machen‹: *Are you taking the piss (out of me)?* ›Wollen Sie sich lustig über mich machen? / Verarschen Sie mich?‹;

*pisspot* ›Nachttopf; Alkoholiker‹, im übertragenen Sinne ›ein sehr regnerischer Ort‹: ***Salzburg is the pisspot of Europe.*** ›Salzburg ist der regenreichste Ort Europas.‹ *to be/go on the piss* ›saufen; sich einen ansaufen‹: *he's on the piss again* ›er säuft wieder‹; auch in Gesellschaft: *We were on the piss last night.* ›Wir haben gestern Abend gesoffen.‹ *to go/be off the piss* ›aufhören zu saufen‹; *to piss into/against the wind* ›seine Zeit sinnlos verschwenden‹; *not to have a pot to piss in* ›sehr arm sein‹; *piss and wind* ›leeres Gerede‹; *to piss razor blades / pins and needles* (wörtl. ›Rasierklingen bzw. Nadeln pissen‹) ›unter Gonorrhoe bzw. einer Blasenentzündung leiden‹. Die Wendung *I wouldn't piss on him if he was on fire* ›ich würde nicht auf ihn pissen, auch wenn er brennen würde‹ drückt extreme Gleichgültigkeit dem anderen Menschen gegenüber aus. *to piss in s.o.'s pocket* (wörtl.: ›jdm. in die Hosentasche pissen‹) ›sich bei jdm. einschmeicheln‹; *to piss it (in)* ›ohne große Anstrengung gewinnen‹; *piece of piss* (Variante der standardsprachlichen Wendung *piece of cake*) ›eine leichte Aufgabe‹: *It'll be a piece of piss.* ›Es wird ein Leichtes sein.‹ *to piss o.s.* urspr. ›große Angst haben‹, nun meist: ›sich totlachen‹; *piss-ugly*, *piss-poor* ›sehr hässlich bzw. arm‹; *pisshead / piss artist* ›Trinker‹. Die Wendung *piss-proud* ›grundlos stolz‹ geht auf die Vorstellung einer durch Druck der vollen Blase auf die Prostata verursachten morgendlichen und daher ›unechten‹ Erektion zurück.

Eine Reihe von Tieren wird *piss* vorangestellt, um minderwertige alkoholische Getränke zu bezeichnen:

**buffalo piss, bull piss, cat's piss, dog piss, horse piss, cricket's piss** (*cricket:* Grille) bezeichnet sehr dünnen Tee oder wässriges Bier.

*Anmerkungen*

Der Wortstamm *piss* ist in vielen europäischen Sprachen vertreten (vgl. dt. *pissen,* frz. *pisser,* ital. *pisciare*). Über die Herkunft des Wortes lässt sich nur spekulieren, aber es ist wohl lautmalerisch oder entstammt der Ammensprache. Die Vielfalt an Wendungen und Zusammensetzungen lässt auf einen alten und regen Gebrauch von *piss* außerhalb der Schriftkultur schließen.

Schriftliche Belege für das Wort finden sich zunächst im medizinisch-akademischen Zusammenhang. In einem Manuskript aus dem späten 14. Jahrhundert ist von **chaudpisse** (frz. *chaud:* heiß; gemeint ist die Strangurie) die Rede. Im Mittelalter nannte man den harntreibenden Löwenzahn **pissabed**, eine neutrale Bezeichnung, die in solchen Zusammenhängen natürlich nicht anstößig war. Ende des 18. Jahrhunderts zog man jedoch andere Bezeichnungen für den Löwenzahn vor, so dass man vermuten kann, das Wort *piss* sei zu diesem Zeitpunkt nicht mehr akzeptabel gewesen. **pissabed** wurde noch als Beleidigung für Bettnässer und Schwächlinge bis ins 20. Jahrhundert hinein gebraucht (unter anderem in James Joyces *Ulysses*), ist allerdings heute nur noch sehr selten (vgl. aber das reguläre französische Wort für ›Löwenzahn‹ *pissenlit*).

In den vielen Wortschöpfungen um *piss* spiegelt sich einerseits die Tabuisierung, andererseits die be-

sondere kulturelle und biologische Bedeutung der
Ausscheidung wider: Die harntreibenden Eigenschaften des Alkohols und wohl auch die Farbe des Urins
führten zur Gleichsetzung von *piss* und Alkohol; die
vermutlich in allen Kulturen vertretenen Wettkämpfe
unter Jungen, wer am weitesten pinkeln kann, werden
in der Wendung *pissing contest/match* zur Metapher
für einen sinnlosen und zeitverschwenderischen Wett-
bewerb; und was für die Erstellung eines Krankheits-
bildes heute im Labor unter wissenschaftlichen Bedingungen geschieht, die sog. Urinschau, wurde im 18.
Jahrhundert von Quacksalbern praktiziert, die als *piss
prophets* bezeichnet wurden.

Wie → *turd* ›Kacke, Kot‹ kommt auch *piss* im Alten Testament vor (2. Könige 18,27; Luther übersetzte
mit ›Harn‹) und wurde daher ohne Bedenken in dem
konservativen *Webster's Dictionary* aufgeführt, obwohl einige für das Empfinden der meisten Bildungsbürger harmlosere Wörter wie *fart* erst in spätere
Auflagen aufgenommen wurden.

Mildere Ersatzformen für *piss* sind die vorwiegend
kindersprachlichen Ausdrücke: *to wee*, *to pee*, *to piddle*, *to widdle*, *to take a pee*, *to do wee*, *piddle* usw.

## POOF, POOFTER

auch: *poofta, pooftah, poofteroo*

*poof* bezieht sich fast ausschließlich auf Männer und meint einen Homosexuellen bzw. im weiteren Sinne jeden unmännlichen, weibischen Mann. Das Adjektiv *poofed-up* bedeutet ›in auffälliger Weise unmännlich gekleidet‹ (in Anlehnung an *tarted up*, das sich auf eine aufgedonnerte Frau bezieht).

*poofy* ›unmännlich, die Homosexualität betreffend‹: *a poofy shirt, a poofy tie, a poofy aftershave* ›ein schwuchteliges Hemd‹, ›eine schwuchtelige Krawatte‹, ›ein schwuchteliges Rasierwasser‹.


*Anmerkungen*

Die Etymologie von *poof* ist ungeklärt. Es geht womöglich auf *puff* zurück, eine im 19. Jahrhundert verwendete Bezeichnung für einen eitlen, arroganten Mann. Die Variante *poofter* (/'puːftə/) ist in Australien im frühen 20. Jahrhundert entstanden. Das Wort gedeiht in homophober Umgebung. In den 1990er Jahren wurden *poof* bzw. *poofter* als Bezeichnungen für Homosexuelle zunehmend tabuisiert, da der Vorwurf der Homosexualität angesichts einer immer ausgeprägteren Homophobie einen politischen Aspekt bekommen hatte. Die Zusammensetzungen *poofter-basher* bzw. *poofter-bashing* – sie bezeichnen willkürliche Gewalt gegen Homosexuelle bzw. verbale Angriffe und Pöbeleien – erfreuten sich gerade in dieser Zeit besonderer Beliebtheit. In der Tat, *poof* bzw.

*poofter* sind allenfalls in Wendungen wie *silly old poof* freundlich-scherzhaft gemeint, wenn auch ein Verbot des Wortes völlig fehl am Platz erscheint und Diskriminierung kaum verhindern wird. In Anlehnung an Wörter wie *kingdom* (›Königreich‹) bzw. *communism* (›Kommunismus‹) sind *poofdom* bzw. *poofterism* entstanden; sie bezeichnen den Zustand des Schwulseins bzw. die Gemeinschaft der Schwulen oder aber bestimmte, von den Normen sog. Männlichkeit abweichende Merkmale: Ein ausgeprägtes Interesse für die Künste, eine Neigung, Gefühle zu zeigen, Freude am Kochen und Gestalten, eine gewählte Ausdrucksweise und ein gepflegtes Äußeres lassen schnell den Vorwurf des *poofterism* laut werden, ganz unabhängig von der Sexualität des Betroffenen. In Australien ist das Wort *poofter* schon einmal in einer parlamentarischen Debatte vorgekommen: *Why don't you shut up, you great poofter?*[63] lautete 1975 die Anfrage eines Abgeordneten.

## POOH

auch: *poo*

Das in der Regel kindersprachliche Wort *pooh* bedeutet ›Kacke‹: *cow pooh*, *dog pooh*, *big pooh*, *sloppy pooh*, *stinky pooh*. *I need a pooh.* Die Wendung *to be in the pooh* ist eine milde Form von *to be in the shit*.

63 Hughes, *Swearing*, S. 173.

Das Verb *to pooh* dient ebenfalls meist zur Kommunikation mit Kindern: ›Groß machen, Aa machen‹ usw. Es kommt häufig in Verbindung mit dem Hilfsverb *do* bzw. *want* vor: *Do you need to do (a) pooh?* ›Musst du Groß machen?‹ *The cat did pooh on the carpet.* ›Die Katze hat auf den Teppich gemacht.‹

Das Adjektiv *pooey* bedeutet ›mit Fäkalien beschmutzt‹: *pooey nappy* ›schmutzige Windel‹; *pooey pants* ›beschmutzte Hose‹.

Als Interjektion hat *pooh!* (gelegentlich: *poohy!*) verschiedene Funktionen. Es dient als Ausdruck der milden Verärgerung: *Oh pooh! I've deleted the file by mistake.* ›Mist! Ich hab versehentlich die Datei gelöscht.‹ Oder es drückt Verachtung einem Gesprächspartner bzw. einem Dritten gegenüber aus: *Pooh to you! Pooh to him/them!* Mit *pooh* drückt man schließlich den Ekel über einen unangenehmen Geruch aus (vgl. dt. *pah!, bah!, puh!, bäh!* usw.): *Pooh! It stinks in here.* ›Bäh, hier drin stinkt es!‹ Die Zusammensetzungen *pooh-hole* und *pooh-chute* (*chute:* Schacht) bezeichnen den Anus.

*pooh jabber*, *pooh packer*, *pooh stabber* (die Verben bedeuten ›stoßen‹, ›stopfen‹, ›stechen‹) sind Bezeichnungen für Homosexuelle (vgl. → *shit*).

*Anmerkungen*

*pooh* ist ohne Zweifel einer der mildesten englischen Vulgärausdrücke. Dies hängt mit der Herkunft aus der Kindersprache bzw. der Ammensprache zusammen. Die Bedeutung ›Fäkalien‹ ergab sich wohl aus lautmalerischen, imitativen Interjektionen wie *phew*, *pho*, *poop* usw. Besonders im AE ist die Variante *poop* mit der Bedeutung ›Blähung‹ sehr verbreitet. Ein *pooper scooper* bzw. *poop scoop* (*to scoop*: schaufeln) ist ein Gerät zur Entfernung von Hundekot.

Ohne jeglichen skatalogischen Hintergrund kommt *pooh* in der Alltagssprache oft vor. *-poo* wird von Erwachsenen zur Verniedlichung als Suffix angehängt: *kissypoo* (etwa ›Küsschen‹), *drinkiepoo* (ein alkoholisches Getränk), *sleepypoo*. *to pooh-pooh s.th.* ›sich über etwas lustig machen, etwas ablehnen, geringschätzen‹: *He is always pooh-poohing astrology.* ›Er redet gern abschätzig über die Astrologie.‹ Davon abgeleitet ist *pooh-pooher* ›jd., der häufig und gern seine (hochnäsige) Verachtung für eine Sache zum Ausdruck bringt‹. Auch der Name des berühmten Stoffbären *Winnie-the-Pooh* hat keinen skatalogischen Hintergrund, sondern geht laut seinem Besitzer Christopher Robin darauf zurück, dass seine Arme klemmen und er daher Fliegen, die auf seiner Nase landen, durch »Pooh!« verscheuchen muss. Im Vorwort zu Milnes Gedichtsammlung *When We Were Very Young* wird wiederum von einem Schwan namens Pooh berichtet. Der Vorteil des Namens bestehe darin, dass er Geringschätzung zum Ausdruck bringe, falls der Schwan auf Zurufen nicht reagiert – womit bei einem Schwan zu rechnen sei. *pooh*, möchte man daraus schließen, ist also kein obszönes Wort, sondern ein sehr vielseitiges und nützliches.

## PRICK

**prick** (von *prick* ›Nadelstich‹) ist eine Bezeichnung für das männliche Glied.

*Wendungen*

**prickteaser** ›Flirt‹ ist etwas akzeptabler als → *cockteaser*.

   **She's had more pricks than a second-hand dartboard.** etwa: ›Sie hat mehr Stiche gehabt als eine gebrauchte Dartscheibe‹ sagt man von einer angeblich promiskuösen Frau. *like a spare prick (at a wedding)* ›überflüssig‹.

*Anmerkungen*

Erste schriftliche Belege mit der Bedeutung ›Penis‹ stammen aus dem 16. Jahrhundert. Es ist allerdings unklar, ob das Wort tabuisiert war. Gelegentlich wird **prick** im 16./17. Jahrhundert als bewusst anzüglicher Kosename für einen Geliebten verwendet, aber inwiefern der Gebrauch tatsächlich weit verbreitet war, ist offen. Im 18. Jahrhundert gilt das Wort offenbar als Obszönität und bildet in pornographischen Texten oft den Gegenpart zu *cunt*: In der Übersetzung des französischen Romans *Histoire de Dom Bougre* (1741) erklärt eine Nonne, was es wirklich bedeutet, verliebt zu sein: »When one says the gentleman is in love with the lady [...] it is the same thing as saying [...] he is dying to put his prick into her cunt. That's truly what it means.« (›Wenn man sagt, dass der Herr in die Dame verliebt ist [...] meint man eigentlich [...], dass er sich danach sehnt, seinen Schwanz in ihre Fotze zu stecken. Das ist wahrlich die Bedeutung.‹)

Als Invektive bezieht sich *prick* zunächst auf einen eitlen jungen Mann. Auch hier ist es unklar, ob lediglich auf die ›Schärfe‹ (das auffällige Verhalten, das Überspitzte und Lästige) des jungen Mannes angespielt wird. Im 20. Jahrhundert findet das Wort weite Verbreitung und bezeichnet einen lästigen, dummen und unangenehmen, humorlosen Menschen. Hier kommt es sehr oft in Verbindung mit *annoying* vor: **He is an annoying prick.** etwa: ›Er ist ein lästiges Arschloch.‹ Zu beobachten ist auch die Tendenz, besonders junge Männer bzw. auch lästige Kinder als *pricks* zu bezeichnen.

## PUSSY

*pussy* ist eine Bezeichnung für die weibliche Scham.

In der Wendung **some pussy** bezieht sich *pussy* auf verfügbare weibliche Geschlechtspartner oder auf den Geschlechtsakt selbst. **He hasn't had any pussy in weeks.** ›Er hat seit Wochen keinen Sex gehabt.‹ Vgl. auch **some → cock**, **some → cunt**.

*Wendungen*

***pussy eating*** ›Cunnilingus‹; ***pussy hair*** ›weibliches Schamhaar‹; ***pussy hole*** ›Vagina‹; ***pussy picture*** ›pornographische Darstellung einer Frau‹; ***pussy-struck*** (vgl. → ***cunt-struck***) ›von Frauen besessen‹; ***to poke one's pussy*** (*to poke:* stechen) ›masturbieren‹; ***to feed one's pussy*** ›Geschlechtsverkehr ausüben‹.

Bei einem ***pussyboy*** handelt es sich um den passiven Partner beim homosexuellen Verkehr oder um einen jungen Mann, der als Geschlechtspartner ›gehalten‹ wird.

*Anmerkungen*

***pussy*** bzw. ***puss*** ist eine liebevolle Bezeichnung für eine Katze. Zahlreiche literarische Belege zeugen davon, dass ***pussy*** bzw. ***puss*** jahrhundertelang ein beliebter Kosename auch für Mädchen (seltener: für eine alte Frau) gewesen ist. Allerdings kommt schon Ende des 17. Jahrhunderts die sexuelle Nebenbedeutung auf, die sich aus den Eigenschaften ergab, die der Kosename impliziert: Sanftheit, Weichheit, Gefügigkeit. Grose definiert ***pussy*** Ende des 18. Jahrhunderts als »the private parts of a woman«. Die Sexualisierung führt zum langsamen Untergang des Kosenamens. ***muff*** und ***beaver*** (›Biber‹) evozieren ebenfalls das Bild eines weichen, behaarten Wesens (vgl. auch dt. *Muschi* sowie frz. *la chatte*, die ebenfalls sowohl ›Katze‹ als auch ›weibliche Scham‹ bedeuten). Ob ***pussy*** beleidigend bzw. erniedrigend ist, hängt vom Zusammenhang ab. Sicher kommt es am häufigsten in von Männern verfassten pornographischen Texten vor. Ende der 1960er Jahre taucht in den USA die Wendung *pussy power* auf. Sie beschwört zunächst mit starken Bildern (»revolution power grows out of the lips of a pussy«: ›revolutionäre Macht wächst aus den Lippen einer Muschi‹) eine revolutionäre Bewegung und ermuntert Frauen dazu, ihre Sexualität einzusetzen, um an die Macht zu kommen. Heute ist *pussy power* ein oft benutztes positives Schlagwort für von Frauen ausgeübte politische Macht. *pussy posse* – bis auf den ersten Vokal werden die Wörter gleich ausgesprochen – bezeichnete zunächst eine Gruppe von Polizeibeamten, die Prostitution bekämpft (etwa: ›Sittendezernat‹; *posse:* Trupp), in der Folge eine Gruppe von Männern auf der Suche nach sexuellen Abenteuern. In Bezug auf einen Mann ist ein *puss* (vgl. auch die Variante *wuss* bzw. *wussy*) ein Schwächling. *pussyfooting* bezeichnet in Anlehnung an den sanften Gang einer Katze eine übermäßig vorsichtige Vorgehensweise.

## ROOT

Besonders in Australien bezeichnet *root* den Geschlechtsakt: *Have you ever had a root?* ›Hast du schon mal Sex gehabt?‹ *root* kann auch einen Sexualpartner bezeichnen: *a good root*, *a weekend root*.

*Wendungen*

**root** kommt oft als Ersatzform für **fuck** vor: ***Get rooted!*** (= ***Get fucked!***); in ähnlicher Weise bedeutet **rooted** (bes. Austral.) ›erschöpft‹: ***I'm rooted*** (= ***I'm fucked***).

Scherzhafter Ausdruck der Verwunderung bzw. milder Verärgerung ist die Wendung **root my boot and shag my shoe!** Ein **root ute** (vgl. auch **fuck truck**) ist ein Gebrauchsfahrzeug (*ute = utility vehicle*), das genügend Platz für sexuelle Aktivitäten bietet.

*Anmerkungen*

Im 19. Jahrhundert war **root** ›Wurzel‹ eine Bezeichnung für die männlichen Genitalien, besonders für das erigierte Glied. Die Bedeutung ›Geschlechtsverkehr‹ ist im AE unbekannt. Dort bedeutet die Frage **Who do you root for?** ›Für welche Mannschaft bist du?‹

## SCHLONG

**schlong** (auch: **shlong**, **shlang**, **schlontz**) ist eine dem Jiddischen entstammende (vgl. auch dt. *Schlange*) Bezeichnung für (einen überdurchschnittlich großen) Penis. Das Wort dient als Invektive, aber auch als Bezeichnung für einen besonders wichtigen Menschen.

## SCREW

Das Verb *to screw* (wörtl. ›schrauben‹) entspricht etwa dt. »vögeln, bumsen«. Das Substantiv bezeichnet den Geschlechtsakt oder den Geschlechtspartner: *a good screw*. *to screw* ist häufig synonym mit *to fuck* und in Wendungen wie *screw you!*, *go screw yourself!*, *get screwed* usw. eine Ersatzform dafür (in gleicher Weise austauschbar sind häufig die Substantive *screw* und *fuck*).

## SHAG

*shag* ist eine Bezeichnung für den Geschlechtsakt, die wohl auf das nicht mehr gebräuchliche Verb *to shag* mit der Bedeutung ›schütteln, hin- und herbewegen‹ zurückgeht: *a quick shag*, *a good shag* (auch in der Bedeutung: ›guter Geschlechtspartner‹). Das Verb bedeutet ›bumsen, vögeln‹. *shagability* und *shaggable* werden in Anlehnung an standardsprachliche Wörter gebildet (vgl. → *fuck*). Auch *shag-happy* ›sehr glücklich‹ geht auf eine umgangssprachliche Wendung (*slap-happy*) zurück. Die Beschwerde *shagger's back* führt Rückenschmerzen auf übermäßigen Geschlechtsverkehr zurück.

Als Ersatzform für *fuck* sind folgende Wendungen häufig: *shag all*, *shag me!*, *I'm shagged!*, *shag off!*, *shagging hell!* usw.

## SHIT

Als Substantiv bedeutet *shit*:
- ›Fäkalien‹; im Plural: ›Durchfall‹ (*the shits*);
- den Akt des Defäkierens: *to have a shit, to do (a) shit, to take a shit* (AE);
- eine verabscheuenswerte Person oder einen Angeber, oft in Verbindung mit einem Adjektiv wie *real, little* oder *arrogant* usw.;
- eine bestimmte Situation oder einen bestimmten Sachverhalt: *I don't like this shit.* etwa: ›Mir gefällt das nicht, was gerade vor sich geht.‹;
- ›Unsinn‹: *stop talking shit* ›red keinen Quatsch‹;
- ›Widerrede, Schwierigkeiten‹: *I won't take any shit from you.* ›Von dir dulde ich keine Frechheiten.‹;
- eine Droge, besonders Haschisch: *Where can I get some shit?* ›Wo kann ich Hasch bekommen?‹;
- ›Unrat, Zeug‹: *get your shit together* ›pack deine Sachen zusammen‹; oder auch: ›reiß dich zusammen!‹ *What's in your bag? – Books and shit.* ›Was hast du da in der Tasche?‹ – ›Bücher und so Zeugs.‹

Das Verb *to shit* bedeutet:
- ›scheißen‹: *There's a dog shitting in our garden!* ›In unserem Garten scheißt gerade ein Hund!‹;
- ›bescheißen‹: *Five dollars! Are you shitting me?* ›Fünf Dollar! Willst du mich bescheißen?‹;
- reflexiv gebraucht (*to shit o.s.*): ›große Angst haben‹;
- in Verbindung mit *in* oder *all over* ›besiegen, überlegen sein‹: *My car shits all over / shits on yours.*

›Mein Auto ist besser als deins.‹ *to shit it in* ›(ein
Spiel o. Ä.) mühelos gewinnen‹.

Das Adjektiv *shitty* bedeutet etwa ›schlecht gelaunt‹
oder ›von minderer Qualität‹.

Als Ausruf hat *shit!* meist die gleiche Funktion wie dt.
*Scheiße!* Zudem kann es im Gespräch einfach *wow!*
bedeuten, was im Deutschen selten ist: *I saw Robbie
Williams at the beach. – Shit! Really?* ›Ich habe Robbie Williams am Strand gesehen.‹ – ›Wahnsinn! Echt?‹
(vgl. hierzu auch die Anmerkungen unten).


## Wendungen

SUBSTANTIVISCH: *to be in the shit* ›in Schwierigkeiten,
in der Scheiße stecken‹; *not to give a shit* (vgl. auch
→*fuck*) ›völlig gleichgültig sein‹: *I couldn't give a
shit about good manners.* ›Gutes Benehmen ist mir
scheißegal.‹ *to give s.o. the shits* heißt aber ›jdm. auf
die Nerven gehen‹: *Advertising gives me the shits.*
›Werbung nervt mich.‹ *piece of shit* bezeichnet etwas
völlig Wertloses: *Your mobile is a piece of shit.* ›Dein
Handy ist scheiße.‹ *to look like shit* ›scheiße aussehen‹; *to treat s.o. like shit* ›jdn. schlecht behandeln‹;
*sure as shit* ›todsicher‹; *crock of shit* (*crock:* Topf) bezeichnet eine unangenehme Erfahrung, häufiger: ein
nutzloses oder minderwertiges Ding oder eine Lüge,
oft abgekürzt zu *crock*: *His autobiography is a crock
(of shit).* ›Seine Autobiographie ist Müll.‹ *shit sandwich* ›eine erniedrigende Erfahrung‹.

Viele Wendungen mit der Bedeutung ›Angst haben‹ werden mit *shit* gebildet, was einen physiologischen Hintergrund hat. Neben dem reflexiven Gebrauch (*to shit o.s.*) gibt es das Adjektiv **shit-scared** bzw. **scared shitless**. Wie → *to crap it* kommt **to pack shit** meist in der Verlaufsform vor: *I was really packing shit.* ›Ich hätte fast in die Hose gemacht.‹ **to scare the shit out of s.o.** ›jdm. einen großen Schreck einjagen‹.

Zusammengesetzte Invektive mit *shit* sind häufig, wenngleich nicht so beliebt wie diejenigen, die mit *dick*, *cock*, *fuck* und *cunt* gebildet werden: **dipshit** (vgl. auch ugs. *dipstick*) ›Trottel, einfältiger Mensch‹; **shit-for-brains** ›Idiot‹; **shitface**, **shithead** ›Arschloch‹; **shit-stirrer** (*to stir:* umrühren) ›jd., der durch übereifriges Einmischen oder durch Verbreiten von Gerüchten allen anderen Schwierigkeiten bereitet‹; **shitkicker** ›(grober Schuh, der für alles taugt; daher:) ungelernte Hilfskraft; jd., der einfache Aufgaben erledigt; ein grober Mensch‹.

Besonders im AE hört man den Ausruf **holy shit** (wörtl. ›heilige Scheiße‹); **Shit a brick!** ›Scheiße!‹ (die gelegentlich vorgeschlagene Bedeutung ›Stuhlgang nach langer Verstopfung‹ ist fragwürdig; die Wendung verdankt ihre Wirkung in erster Linie dem Reim sowie der Vorstellung eines unmöglichen bzw. sehr schmerzhaften Vorgangs). **He'll shit a brick when he finds out.** ›Wenn er es rauskriegt, dreht er durch.‹

Von den adjektivischen Zusammensetzungen sind nur wenige positiv: **hot shit** bzw. **shit-hot** ›großartig, affengeil‹. *The chicks at the beach were shit-hot.* ›Die Tussis am Strand waren geil.‹ Neben der Möglichkeit, die

Grundform *shit* als Adjektiv zu gebrauchen, ist *shit-house* ›von dürftiger Qualität, scheiße‹ weit verbreitet: *The weather was really shithouse.* ›Das Wetter war echt scheiße‹. *shit-faced* bedeutet entweder ›stark besoffen‹ oder ›high‹.

Es gibt eine Reihe von Bezeichnungen für Aborte und deren Beschaffenheit bzw. Zubehör, die mit *shit* gebildet werden: *shithouse* ›Klo, Scheißhäusl‹: *built like a brick shithouse* (Austral., als Lob eines kräftigen Mannes oder Schmähung einer Frau; auch von Konstruktionen allgemein) ›sehr gut gebaut‹; *shit-pit* (*pit*: Graben) ›Klo‹; *shithole* ›Anus; Klo; unangenehme Lokalität‹; *shit paper*, *shit ticket* ›Klopapier‹.

Die Ausdrücke für Homosexuelle *shit packer* (*to pack:* packen), *shit puncher* (*to punch:* bohren), *shit stabber* (*to stab:* stechen), und *shit fucker* spielen in sehr direkter Weise auf den Analverkehr an (vgl. auch → *pooh*, → *turd*, → *arse*).

Es gibt einige Wendungen mit vorangestellten Tierbezeichnungen. Am bekanntesten ist wohl *bullshit* ›Unsinn, Quatsch‹, das mittlerweile auch gern in deutsche Sätze eingestreut wird: *Are you bullshitting me* (auch: *Are you shitting me?*) ›Verscheißerst du mich?‹ *Cut the (bull)shit!* ›Hör auf mit dem Unsinn!‹ oder: ›Kommen wir zur Sache!‹ Eine akzeptablere Ersatzform ist *bulldust* (*dust:* Staub). *horseshit* ist eine allgemeine Bezeichnung für minderwertiges Zeug. *to go batshit* ›verrückt werden‹; *mouseshit* wird adjektivisch gebraucht und bedeutet ›belanglos, unbedeutend‹. *to go apeshit* bedeutet ›durchdrehen, einen Wutanfall haben‹. *My Mom went apeshit.* ›Meine

Mam ist total ausgeflippt.‹ Das Adjektiv **chickenshit** hat seinen Ursprung im Militär, wo es willkürliche und kleinliche Machtausübung durch einen Vorgesetzten bezeichnet; solch herrschsüchtiges Gebaren wird mit der Nichtigkeit von Hühnerfäkalien verglichen. Heute bedeutet es meist ›feige‹: **chickenshit motherfucker** etwa: ›feiges Arschloch‹.

Es gibt eine Reihe von längeren Wendungen, die man in der Alltagssprache regelmäßig hört: **Shit happens** ist eine beliebte, allgemeine pseudo-lebensphilosophische Erkenntnis mit der Bedeutung ›So etwas passiert nun einmal‹. **up shit creek** (wörtl. ›im Scheißbach‹), oft mit der scherzhaften Ergänzung **without a paddle** (›ohne Paddel‹), heißt ›in großen Schwierigkeiten stecken‹. **when the shit hits the fan** (Vorstellung der durch einen Ventilator zerstreuten Fäkalien) bezeichnet eine plötzlich oder bald eintretende Katastrophe: **Get out before the shit hits the fan.** etwa: ›Weg hier, bevor es richtig schlimm wird.‹ **shit or get off the pot** (wörtl.: ›scheiß [endlich] oder geh vom Topf runter‹) ›mach voran oder tritt zur Seite und überlass die Sache einem anderen‹; **I'd use her shit for toothpaste** ›ich würde ihre Scheiße als Zahnpasta verwenden‹ ist scherzhafter Ausdruck der bedingungslosen, krankhaften Liebe und Ergebenheit.

*Anmerkungen*

Neben der regelmäßigen Verbform **shit – shitted – shitted** besteht die unregelmäßige Form **shit – shat – shat**. Die Schreibweise *shite* /ʃaɪt/ war ursprünglich eine regionale Variante (z.B. in Irland) und ist nun als Pseudo-Ersatzform sehr weit verbreitet.

Verwandte Wörter in vielen europäischen Sprachen (dt. *Scheiße*, isländisch *skítur*, niederländisch *schijt*, norwegisch *skitt*, schwedisch *skit*) zeugen von einem gemeinsamen Ursprung, den man in einem indogermanischen Stamm ausgemacht hat. *shit* geht einer volksetymologischen Erklärung zufolge auf *store high in transit* zurück, da man auf hoher See aus Sicherheitsgründen Dünger auf dem Oberdeck lagern müsse. Solche Theorien sind schon deswegen fragwürdig, weil Akronyme eine Erfindung des 20. Jahrhunderts sind (vgl. auch →*fuck*).

Als Bezeichnung für eine tabuisierte Körperausscheidung verweist *shit* auf das Unangenehme, Hässliche, Abstoßende und Minderwertige (einige Kulturen sprechen Fäkalien allerdings heilende Kräfte zu und integrieren sie daher in bestimmten Riten). Wie *fuck* entfaltet *shit* aber auch eine besondere Wirkung allein durch die Aussprache: Der stimmlose *sh*-Laut kann fast beliebig lang ausgedehnt werden, und nach einem in der Regel sehr kurzen Vokal kommt es zum plötzlichen Schluss durch ein kräftiges *t*. Es verwundert nicht, dass Deutschsprechende das Wort neben *Scheiße* gern verwenden. Im Vergleich zu *fuck*, *bugger* und *piss* ist *shit* in seinen Verwendungsmöglichkeiten relativ beschränkt: Die *-ing*-Form wird kaum verwendet; das Verb *to shit about* bzw. *shit around* ist nicht gebräuchlich; und eine zu *fuck off*, *bugger off* und *piss off* analoge Formulierung gibt es nicht.

Es gibt durchaus Unterschiede zwischen *shit* und dem beliebtesten Schimpfwort der Deutschen,

*Scheiße*. Zusammensetzungen mit *Scheiß-* wie etwa *Scheißwetter*, *Scheißschule* oder *Scheißfinanzamt* bringen eine Verachtung dem Gegenstand gegenüber zum Ausdruck, die man im Englischen eher mit *fucking* oder *bloody* (oder beidem zusammen) formulieren würde: *bloody fucking tax department!* Im Englischen kann *shit* Überraschung ausdrücken (allerdings haftet diesem Gebrauch häufig etwas Scherzhaftes an). Die deutsche Wendung *so ein Scheiß* schließlich, welche die Verärgerung des Sprechers über eine bestimmte Situation, einen bestimmten Vorfall o. Ä. zum Ausdruck bringt, lässt sich *nicht* wortwörtlich mit *what a shit* übersetzen – entsprechender wäre *fuck/ bugger that!* In ähnlicher Weise wäre »Der ganze Scheiß hat mich fünfzig Euro gekostet« etwa mit *The whole fucking/bloody thing cost me fifty euros* zu übersetzen.

*shit* ist zwar ein sehr weit verbreitetes Schimpfwort, aber Äußerungen wie »We shat it in«[64] (›Wir haben haushoch gewonnen‹ – so die Äußerung eines australischen Politikers im Jahr 2006 nach einem großen Wahlerfolg) sind im öffentlichen Diskurs die Ausnahme. Häufige Ersatzformen für das sehr häufige Schimpfwort sind: *sugar*, *shoot*, *shucks*, *shivers*.

64 *Sydney Morning Herald*, 7. März 2006.

## SLIT

*slit* ist eine obszöne Bezeichnung für die weiblichen Genitalien.

*Anmerkungen*

*slit* ist mit dem deutschen *Schlitz* etymologisch verwandt. Als Bezeichnung für die weibliche Scham tritt *slit* schon im 17. Jahrhundert auf. Die Feministin Germaine Greer zählte *slit* zu den herabwürdigendsten Bezeichnungen für die weiblichen Genitalien (1970 in *The Female Eunuch*), und es gibt mit Sicherheit kaum Frauen, die es anders sehen würden.

## SLUT

*slut* ist eine der häufigsten von vielen Bezeichnungen für ›Schlampe‹.

Das Adjektiv *sluttish* bedeutet ›unordentlich, unreinlich, schlampig‹, daher *sluttishness*, *sluttishly*; *slutty* ›sexuell freizügig, auf geschmacklose Art die Sexualität zur Schau stellend‹.

*Anmerkungen*

Einige deutsche Dialekte kennen Wörter, die *slut* sehr ähneln (schwäbisch *schlutt, schlucht*) mit der Bedeutung ›unordentliche, unreinliche, faule, unzüchtige Weibsperson‹, aber die Verbindung zum englischen Wort gilt als nicht nachgewiesen. *slut* ist eine üble Beleidigung und ein hässliches Wort, und der damit vorgebrachte Vorwurf der Promiskuität verbunden mit Unreinlichkeit sorgt unter Umständen für mehr Unannehmlichkeiten und größeren Widerspruch als die übelsten mit Hilfe von *fuck*, *cunt* und *shit* formulierten Schmähungen.

## SOD

Ein *sod* (von *sodomite*, nach der biblischen Stadt Sodom) ist ein unangenehmer Mensch. Das Verb *to sod* wird in ähnlicher Weise wie *damn* eingesetzt (*sod that*, *sod him* usw.); seltener bedeutet es ›mit jdm. anal verkehren‹.

*Wendungen*

*sod-all* ›nichts‹: *She took sod-all notice of me.* ›Sie hat mich gar nicht beachtet.‹ *not to give a sod* ›völlig gleichgültig sein‹; *to sod about* ›herumalbern‹; *sodding* wird gelegentlich wie *fucking* und *bloody* zur Verstär-

kung eingesetzt: *It's none of your sodding business!*
›Das geht dich gar nichts an!‹ *Sod off!* ›Hau ab!‹

## Anmerkungen

Der Vorwurf, unnatürlichen Sexualpraktiken nachzu-
gehen, gehört zu den häufigsten Schmähungen. Der
erste überlieferte Beleg von *sodomite* aus dem späten
14. Jahrhundert zeugt vom ideologischen Nutzen des
Vorwurfs und bezieht sich nicht auf körperliche Vorgänge, sondern auf »gostly sodomytis« – also Häretiker –, die schlimmer seien als »bodily sodomytis«[65];
und der Wortlaut einer vom Marquess of Queensbury
im Londoner Albermarle Club hinterlassenen Visi-
tenkarte – »To Oscar Wilde posing Somdomite [sic]«
– leitete einen Skandal, ein Gerichtsverfahren und
schließlich Oscar Wildes Untergang ein.[66]

Die Kurzform *sod* als gegen Männer und Jungen
gerichtete Invektive wurde Anfang des 19. Jahrhunderts populär, hat aber nicht unbedingt einen sexuellen Zusammenhang. In der Regel bedeutet *sod* (wie
*bugger*) einfach ›Kerl‹ oder ›Typ‹. Typisch sind die
Wendungen: *poor sod* ›armer Kerl‹, *silly old sod* ›alter Trottel, alter Depp‹, *poor little sod* ›armes Würstchen‹, *lucky sod* usw. Im Falle der Plakate, die in den
1850er Jahren vor sich in den öffentlichen Gärten
Londons herumtreibenden »sods« warnten, ist der
Hintergrund der Warnung jedoch klar.

---

65 OED.
66 Vgl. Hughes, *Swearing*, S. 6.

*tits* sind die (weiblichen) Brüste; ›Titten‹.

*Wendungen*

Die Wendungen *tits and arse* und *tits and bum* bezeichnen Frauen als Gegenstände der männlichen Lust (vgl. → *arse*) entweder ganz allgemein – *plenty of tits and arse here* ›hier sind viele (verfügbare) Frauen‹ – oder bedeutet ›Stripshow‹. In ähnlicher Weise ist eine *titty bar* ein Striplokal; *tit-magazines* sind (noch relativ harmlose) Pornohefte.

*off one's tits* ›stark alkoholisiert; unter Drogeneinfluss‹; *to freeze one's tits off* ›sehr frieren‹, möglich sind auch *work, laugh* usw.; *to keep one's tits on* bedeutet ›sich gedulden, sich beruhigen‹ (vgl. auch die akzeptable Wendung *keep your pants on*); *like tits on a bull* ›völlig überflüssig bzw. nutzlos‹; *tough titties* ist eine alliterierende Abwandlung der standardsprachlichen Wendung *tough luck* ›Pech gehabt!‹ Ein *big tit* ist ein wichtiger Mensch bzw. einer, der sich dafür hält. *bitch tits* vgl. → *bitch*. Die gutgemeinten Kosewörter *honey tits*, *sugar tits* und *sweet tits* gelten als herabwürdigend. *all tits and teeth* beschreibt eine attraktive Frau, die außer ihrem Aussehen nichts zu bieten hat. Die Bezeichnung *titless wonder* ›eine Frau mit sehr kleinen Brüsten‹ ist wohl in Anlehnung an *gutless wonder* ›Feigling‹ (*guts:* Eingeweide) entstanden.

*Anmerkungen*

*tit* stammt von *teat:* ›Zitze‹. Bedeutung und Gebrauch stimmen mit dem analogen deutschen Wort überein: *big tits*, *little tits*, *great tits*, *no tits*. Standardsprachliche Ausdrücke wie *tit for tat* ›wie du mir, so ich dir‹, *titbit* ›Leckerbissen‹ und *tit* ›Meise‹ haben eine andere etymologische Herkunft und haben mit *tit* ›Zitze‹ nichts zu tun. Die Kohlmeise (*parus major*) heißt *great tit*. Wer zwei davon sieht, darf ausrufen: »Great tits!«

## TURD

*turd* bezeichnet ein Stück Kot; Fäkalien; einen unangenehmen oder humorlosen Menschen. ***Don't be such a turd.*** ›Sei nicht so ein Arsch.‹

*Wendungen*

Die meisten Wendungen werden analog zu Wendungen mit *shit* oder *crap* gebildet: *turdburger* (vgl. → *shit sandwich*) ›eine erniedrigende Erfahrung‹; *turd burglar*, *turd bandit*, *turd puncher*, *turd packer* sind Bezeichnungen für Homosexuelle. *not worth a turd* ›völlig wertlos‹; *to push a turd uphill with a toothpick* (wörtl.: ›mit einem Zahnstocher Fäkalien einen Hügel hinaufbewegen‹) ›etwas Sinnloses unternehmen‹.

*Anmerkungen*

**turd** ist zusammen mit **shit** und **arse** eines der wenigen
sog. »four letter words«, die tatsächlich angelsächsi-
schen Ursprungs sind. **turd** bedeutete zunächst
(menschliche oder tierische) ›Fäkalien‹ und kommt in
der Bibel-Übersetzung von John Wycliffe (1383) vor
(2. Könige 18,27: »that thei ete her toordis and drynke
her pisse«). In der etwas später entstandenen King-
James-Bibel ist das mittlerweile nicht mehr akzeptable **turd** allerdings durch *dung* ersetzt worden, das in
etwa Luthers Wahl »Mist« entspricht. Aufgrund der
genannten Bibelstelle konnte **turd** 1934 in *Webster's
New International Dictionary of the English Language*
aufgenommen werden, obwohl nicht nur **fuck**, **cunt**,
sondern auch einige für das Empfinden der meisten
Bildungsbürger harmlosere Wörter wie **fart** erst in
späteren Auflagen erschienen.

## TWAT

auch: *twot*

**twat** ist eine Bezeichnung für die weibliche Scham
(AE auch: Gesäß). Es kann auch als Invektive gegen
einen unangenehmen Menschen beiderlei Geschlechts
(auch: **twathead**) dienen. **twat-rug** bedeutet ›weibliche Schamhaare‹.

## Anmerkungen

***twat*** geht möglicherweise auf das Dialektwort ***twitch-el*** zurück, das einen engen Korridor zwischen Mauern oder Hecken bezeichnet. Die Vielfalt von (zum Teil nicht mehr gebräuchlichen) Wörtern, die mit ***tw-*** beginnen (***twit***, ***twait***), lässt diese Etymologie jedoch fraglich erscheinen. Mitte des 17. Jahrhunderts erscheint das Wort zum ersten Mal im Druck. Wohl schon immer ein tabuisiertes Wort (im Gegensatz zu ***cunt***), gehört ***twat*** im 19. Jahrhundert auch nicht zum passiven Wortschatz der besseren Kreise. Jedenfalls war ***twat*** dem englischen Dichter Robert Browning (1812–1889) unbekannt, der einen anzüglichen Reim, in dem vom ***twat*** einer Nonne die Rede war, missverstanden hat: Er hielt dieses für ein Kleidungsstück und benutzte ***twat*** in dieser falschen Bedetung in seinem dramatischen Gedicht *Pippa Passes* (IV,2,96). Im frühen 18. Jahrhundert war ***twat-scourer*** eine Bezeichnung für einen Arzt bzw. Chirurgen (*to scour:* untersuchen, durchsuchen). Gelegentlich wird ***twatting*** als Ersatzform für ***fucking*** verwendet: ***What the twatting hell!***

## WANK

Als Substantiv bezeichnet **wank** den Akt des Mastur-
bierens: *to have a wank* ›wichsen‹.

Im übertragenen Sinne ist ein **wank** eine sinnlose
Beschäftigung, eine Zeitverschwendung: *The lecture
was a real wank.* ›Die Vorlesung war reine Zeitverschwendung / nur leeres Gerede.‹

Das Verb bedeutet masturbieren; ›wichsen‹. Im AE
ist *to whack off* gebräuchlich.

**wanker** bezeichnet jemanden, üblicherweise einen
Mann, der masturbiert: ›Wichser‹, daher einen über-
flüssigen oder affigen Menschen; auch: einen protzi-
gen Menschen, einen, der sich zu ernst nimmt, der viel
Wert auf Äußerliches legt (die Bedeutungsnuancen
können regional und je nach Zusammenhang variie-
ren). In Bezug auf Kleidung und Verhalten bedeutet
**wanky** ›prätentiös, affig, protzig‹. Die Adverbialform
**wankily** ist selten. Bei **wankered** ›betrunken‹ handelt
es sich um ein Scheinpartizip, denn ein Verb *to wanker* gibt es nicht.


*Wendungen*


Meist ist wie im Deutschen Selbstbefriedigung bei
Männern gemeint. Die Wendung *to wank off* bedeutet ›sich selbst oder einen Geschlechtspartner (mit der
Hand) zum Orgasmus bringen‹. *wanked out* heißt ›erschöpft, kaputt‹. *To wank on* ›langweilig und weit-
schweifig daherreden, faseln‹: *He is always wanking*

*on about his car.* ›Er redet die ganze Zeit (angebe-
risch) von seinem Auto.‹

Bei einem *wank tank* handelt es sich um ein großes
Auto, das lediglich der Selbstdarstellung des Fahrers
dient. *wank book* bzw. *wank mag* ›Pornoheft‹; *wank-
stain* ›Wichsfleck‹, daher: ›ein überflüssiger Mensch‹;
*to go like a wanker's elbow* ›sehr beschäftigt sein (wie
der Ellbogen eines Wichsers)‹.

*mental-wank* (wohl in Anlehnung an die ältere
Wendung *mind-fuck*) ›sinnlose Spekulationen; allzu
langes und überflüssiges Nachdenken‹.

### Anmerkungen

Die Etymologie von *wank* ist ungeklärt. Das Wort
kommt im späten 19. Jahrhundert auf. Vermutlich ist
es mit ähnlich klingenden Wörtern verwandt wie *to
whack* ›schlagen, hauen‹. Die Formulierung *wack off*
bzw. *whack off* ist im AE noch gebräuchlich. Es ist
nicht möglich, in Verbindung mit *wank* eine Präposition heranzuziehen, um die sexuellen Fantasien bzw.
Vorlagen zu bezeichnen: Auf die Frage, wozu seine
pornographische Sammlung diene, soll der englische
Dichter Philip Larkin gesagt haben: »To wank to, or
with, or at«.[67]

---

67  Andrew Motion, *Philip Larkin: A Writer's Life*, London 1993,
    S. 222.

## WEENIE

auch: *weener, weeney, wienee, winnie*

*weenie* ist eine in den USA weit verbreitete, vor allem kindersprachliche bzw. scherzhafte Bezeichnung für das männliche Glied, die auf *wiener* (›Wiener Würstchen‹) zurückgeht. *to hide/sink the weenie* sind Umschreibungen für ›Geschlechtsverkehr ausüben‹.

## WILLY

auch: *willie*

*willy* ist eine in Großbritannien und Australien weit verbreitete, vor allem kindersprachliche bzw. scherzhafte Bezeichnung für das männliche Glied.

*Wendungen*

*to wave one's willie* ›sich in übertriebener Weise männlich verhalten, ein übertriebenes Machogehabe an den Tag legen‹. Ein *willy-welly* (von *welly: wellington boot:* Gummistiefel) ist ein Kondom.

*Anmerkungen*

Die Etymologie von *willy* ist ungeklärt. Naheliegend ist die Ableitung von der Verniedlichung des Namens

*William.* Es gibt einige Tierarten, die als *willy* bzw. *willie* bezeichnet werden (bes. Vogelarten). Wie der Titel des bekannten Kinderfilms *Free Willy* vermuten lässt, in dem ein in Gefangenschaft gehaltener Schwertwal dieses Namens seine Freiheit bekommt, ist *willy* im amerikanischen Englisch unbekannt. *willy* hat viele umgangssprachliche Nebenbedeutungen: In Australien ist ein *willy-willy* ein kleiner Luftwirbel; dort bedeutet *to chuck/throw a willy* ›einen Wutanfall haben‹.

Von *will he* ›wird er‹ abgeleitet ist der reduplikative Ausdruck *willy-nilly* ›willkürlich, nolens volens, unentschlossen‹.

# Literaturhinweise

Abrahams, Roger D., *Deep Down in the Jungle. Black American Folklore from the Streets of Philadelphia,* New Brunswick 1964.

Allan, Keith, *Natural Language Semantics*, Oxford 2001.

Allan, Keith / Burridge, Kate, *Forbidden Words. Taboo and the Censoring of Language*, Cambridge 2006.

Arango, Ariel C., *Dirty Words. The Expressive Power of Taboo*, Northvale (N. J.) 1996.

Battistella, Edwin L., *Bad Language. Are Some Words Better than Others?*, Oxford 2005.

Berger, Claudia, *The Myth of Gender-Specific Swearing: A Semantic and Pragmatic Analysis*, Berlin 2002.

Bryson, Bill, *Mother Tongue. The English Language,* London 1990.

Digby Beste, Henry, *Personal and Literary Memorials*, London 1829.

Fussel, Paul, *Wartime. Understanding and Behaviour in the Second World War*, Oxford 1989.

Graves, Robert, *Lars Porsena or The Future of Swearing and Improper Language*, Richmond 2008.

Green, Jonathon, *Chambers Slang Dictionary,* Edinburgh 2008.

Grose, Francis, *A Classical Dictionary of the Vulgar Tongue*, London [1785].

Hopkins, Anthony (Hrsg.), *Songs from the Front and Rear*, Edmonton 1979.

Hugget, Richard, *The Truth about »Pygmalion«*, London 1969.

Hughes, Geoffrey, *Swearing. A Social History of Foul Language, Oaths and Profanity in English*, Oxford 1992.

Landy, Eugene E., *The Underground Dictionary*, New York 1971.

Marjoribanks, A., *Travels in New South Wales*, London 1847.

McEnery, Tony, *Swearing in English. Bad Language, Purity and Power from 1586 to the Present*, Abingdon 2006.

Mencken, H. L., *The American Language*, New York 1980.

Montagu, Ashley, *The Anatomy of Swearing*, London 1967.

Muscio, Inga, *Cunt: A Declaration of Independence*, Emeryville 2002.

Partridge, Eric, *A Dictionary of Slang and Unconventional English*, London 1937.

Read, Allen Walker, *Milestones in the History of English in America*, hrsg. von Richard W. Bailey, Durham (N.C.) 2002 (Publications of the American Dialect Society 86).

Sheidlower, Jesse (Hrsg.), *The F-word*, Oxford 2009.

Steppe, Wolfhard / Gabler, Hans Walter, *A Handlist to James Joyce's »Ulysses«. A Complete Alphabetical Index to the Critical Reading Text*, New York 1985.

Vasilev, Georgi, *Heresy and the English Reformation. Bogomil-Cathar Influence on Wycliffe, Langland, Tyndale and Milton*, Jefferson (N.C.) 2008.

# Register der englischen Stichwörter

# Englische Fremdsprachentexte

IN RECLAMS UNIVERSAL-BIBLIOTHEK

---

**Film und Drama** (Auswahl)

*Edward Albee:* Who's afraid of Virginia Woolf? 206 S. UB 9073

*John Cleese / Connie Booth:* Fawlty Towers. Three Episodes. 141 S. UB 9042

*A Fish Called Wanda.* The Screenplay by John Cleese. 168 S. UB 19713

*Mark Herman:* Brassed Off. A Film Script. 168 S. UB 9102

*Hanif Kureishi:* My Beautiful Laundrette. A Screenplay. 166 S. UB 9063

*Arthur Miller:* The Crucible. 224 S. UB 9257 – Death of a Salesman. 174 S. UB 9172 – All My Sons. 139 S. UB 19766

*My Son the Fanatic.* A Screenplay by Hanif Kureishi. 175 S. UB 19725

*Monty Python's Flying Circus.* Selected Sketches. 211 S. UB 9023

*Willy Russell:* Educating Rita. 132 S. UB 9040 – Shirley Valentine. 79 S. UB 9071

*Peter Shaffer:* Amadeus. A Play. 199 S. UB 9219

*Shakespeare in Love.* A Screenplay by Marc Norman and Tom Stoppard. 185 S. UB 9072

*Some Like It Hot.* Screenplay by Billy Wilder and J.A.L. Diamond. 247 S. UB 19753

*Tennessee Williams:* Cat on a Hot Tin Roof. 223 S. UB 9039 – The Glass Menagerie. 149 S. UB 9178 – A Streetcar Named Desire. 199 S. UB 9240

---

# Philipp Reclam jun. Stuttgart

# Englische Fremdsprachentexte

IN RECLAMS UNIVERSAL-BIBLIOTHEK

---

## Short Stories (Auswahl)

*Afro-American Short Stories.* Baldwin – Hughes – Jones – Kelley – Walker – Wright. 167 S. UB 9276

*American Crime Stories.* Cain – Collier – Ellin – MacDonald – Millar – Slesar. 167 S. UB 9268

*American Short Stories of the 19th Century.* Bierce – Hawthorne – Irving – James – Melville – Poe – Twain. 300 S. UB 9034

*Britain Rewritten.* Stories of a Multi-Ethnic Nation. J. Kay – A. Levy – E. Lappin – K. Kaur – M. Islam – S. Pandit – N. Shukla – R. Balasubramanyam – S. T. Farouky – S. A. Afolabi – C. Newland – D. Adebayo. 200 S. UB 19729

*Classic Science Fiction Stories.* Asimov – Ballard – Bester – Dick – Ellison – Harrison – Heinlein – Russell – Wyndham. 311 S. UB 9103

*Contemporary American Short Stories.* Barth – Barthelme – Godwin – Graham – Merwin – Oates – Pynchon – Updike – Vonnegut. 155 S. UB 9206

*Contemporary Australian Short Stories.* Bail – Carey – Garner – Malouf - Moorhouse – Weller – White. 165 S. UB 9295

*Contemporary Canadian Short Stories.* Atwood – Findley – MacLeod – Munro – Richler – Valgardson – Wiebe. 189 S. UB 9261

*Contemporary Indian Short Stories.* Narayan – Manto – Devi – Vaid – Das – Hejmadi – Rushdie. 221 S. UB 19708

*Contemporary Irish Short Stories.* Daly – Devlin – Friel – Healy – Kelly – Mac Mathúna – McGahern – Montague. 184 S. UB 9250

*Contemporary New Zealand Short Stories.* Frame – Gee – Grace – Hulme – Ihimaera – Stead. 168 S. UB 9035

*Contemporary South African Short Stories.* Bosman – Gordimer – Head – Hope – Matthews – Mphahlele – Roberts – Themba. 176 S. UB 9006

# Philipp Reclam jun. Stuttgart

# Englische Fremdsprachentexte

IN RECLAMS UNIVERSAL-BIBLIOTHEK

---

*leicht zu lesende Texte (Auswahl)*

**100 Songs.** Words and Music. 207 S. Mit Noten. UB 9049

**James M. Barrie:** Peter Pan. 219 S. UB 9294

**L. Frank Baum:** The Wonderful Wizard of Oz. 211 S. UB 9001

**Lewis Carroll:** Alice's Adventures in Wonderland. Mit den Illustrationen von John Tenniel. 165 S. UB 9160

**Roald Dahl:** The Witches. Mit den Illustrationen von Quentin Blake. 192 S. UB 9080

**Judith Kerr:** When Hitler Stole Pink Rabbit. Mit den Zeichnungen der Autorin. 268 S. UB 9076

**A. A. Milne:** Winnie-the-Pooh. Mit den Illustrationen von E. H. Shephard. 180 S. UB 9231

**Lemony Snicket:** A Series of Unfortunate Events. Book the First: The Bad Beginning. Mit den Illustrationen von Brett Helquist. 155 S. UB 19714

**Kressmann Taylor:** Address Unknown. 63 S. UB 9107

**Ten Fairy Tales.** 126 S. 14 Abb. UB 9082

**Young Verse.** A Collection of Rhymes and Riddles, Poems and Chants, Songs and Sayings for Children. 85 S. UB 9020

*Reclams Fremdsprachentexte bieten den ungekürzten und unveränderten englischen Originaltext.*

---

# Philipp Reclam jun. Stuttgart